“两业融合”背景下高职财经商贸类专业群育人模式与发展策略研究

李莉莉　李国丽　时玉杰　著

中国商业出版社

图书在版编目（CIP）数据

“两业融合”背景下高职财经商贸类专业群育人模式与发展策略研究 / 李莉莉，李国丽，时玉杰著. -- 北京 ：中国商业出版社，2024. 12. -- ISBN 978-7-5208-3254-0

Ⅰ. F7

中国国家版本馆CIP数据核字第2024Q7B259号

责任编辑：黄世嘉

中国商业出版社出版发行
（www. zgsycb. com　100053　北京广安门内报国寺 1 号）
总编室：010-63180647　编辑室：010-63033100
发行部：010-83120835/8286
新华书店经销
北京虎彩文化传播有限公司印刷
*
710 毫米×1000 毫米　16 开　14. 75 印张　192 千字
2024 年 12 月第 1 版　2024 年 12 月第 1 次印刷
定价：50. 00 元
* * * *
（如有印装质量问题可更换）

前言

近年来，我国“两业融合”（即先进制造业和现代服务业融合）步伐不断加快，程度不断加深。2020年以来，国家发展改革委先后在全国范围内遴选出40个区域和80家企业，组织开展了两批国家级“两业融合”试点，取得明显成效。不过，我国“两业融合”仍面临发展不平衡、协同性不强、深度不够和政策环境、体制机制存在制约等问题，需要进一步优化融合创新环境，健全保障制度，激发企业融合发展内生动力，探索形成符合我国实际、具有不同区域特色和行业特点的融合发展业态模式和路径。

进一步推动做好“两业融合”，要坚持协同推动，形成融合发展合力。一方面，要围绕重点行业、重点领域，培育多元化融合发展主体。当前，一些行业龙头、骨干企业在融合发展上初见成效，但量大面广的中小企业开展融合探索积极性仍然有待提高。要支持链主企业带动产业链上下游企业进行资源、要素、产能、市场的深度整合与共用共享，形成以点带面的效果。另一方面，要增强区域协作意识。各地既要充分挖掘自身比较优势，因地制宜探索融合发展的路径和模式，同时要做好统筹布局，推进重点产业链协同发展，提高我国产业链的整体效能。在这一背景下，重视人才培养与开发，对高职财经商贸类专业人才的培养水平提高具有促进作用。

“两业融合”的稳定发展，输送专业人才是关键，所以，在实现职业教育与人才发展战略融合的过程中，重视人才培养模式的创新有助于提高高职院校的综合发展水平。在实际发展的过程中，高职院校的育人模式与岗位人才需求的衔接问题必须重视，这对高职院校的育人模式以及校企合作的创新发展等会产生直接的影响。因此，结合人才发展需求，根据高职院校的实际发展需求，财经商贸类专业群的构建与发展，可从校企合作以及人才战略需求角度出发，对高职专业课程、教育队伍等相关资源进行拓展，深入挖掘财经商贸类专业群的发展机制，利用教育政策支持，从人才战略发展以及职业规划的角度，对财经商贸类专业群育人模式展开研究，尝试打破高职教育与企业岗位人才需求之间的壁垒，并在资源整合与创新发展的过程中，实现财经商贸类专业群育人模式的创新发展，为“两业融合”的可持续化推进与创新发展提供人才支持。

作者

2024 年 11 月

目录

CONTENTS

第一章　引　言

自改革开放以来，我国制造业取得了长足发展，近年来取得的成果尤为丰硕。2019 年，我国制造业增加值在世界范围内占据了 27. 17%，“世界工厂”的美誉已得到了广泛认可。从目前情况来看，我国制造业仍然在增长过程中发挥了重要作用。与此同时，我国服务业也在近年来不断完善，服务业增加值已由 1952 年的 195 亿元提升至 2019 年的 534233 亿元，整体行业在经济市场中所占比例不断提升。尤其是在全球经济不断发展的前提下，“服务经济”日渐繁荣，低端制造业也随之不断提升质量，开始向高端制造业发展，整体经济服务化格局不断优化。但从长远角度来看，中国制造业大而不强等问题长期未得到解决。为改善相关局面，仍需要进一步促进“两业融合”（即先进制造业和现代服务业融合），使传统服务业不断转化为服务制造业，促进整体经济水平进一步提升。

自 2019 年 11 月出台《关于推动先进制造业和现代服务业深度融合发展的实施意见》以来，“两业融合”的理念与战略定位得到了初步完善，产业转型升级开始关注耦合共生的发展方向，各个产业核心价值也相应得到了进一步融合，行业发展过程中需要依托于要素流动实现优势互补，最终构成更具适应能力的新型生产体系，在此基础上融入科技与产品研发的力量，以价值链整合弥补行业发展中存在的不足，使行业相对优势不断进化为绝对优势，促进“两业融合”系统不断进阶，由低级系统向高级系统发展。“两业融合”系统涵盖的领域相对较多，涉及制造业、生产性服务业等各个行业，且生产性服务业内部子系统要素众多，整体系统升级也相应受子系统制约，各个产业都将在“两业融合”过程中不断调整并重新组合价值链，使价值链由“点对点”发展至“链对链”，再由“链对链”发展至“面对面”，最终共同构成“两业融合”系统。

为促进“两业融合”，需要完善服务业新体系，使现代服务业与现代制造业、现代农业等各个行业有机结合，且“两业融合”也是未来发展的重要趋势，与新时代科技革命、产业改革、制造业核心竞争力等都具备较高契合度，也是现代化产业体系的重要构建基础，能有效提升新质生产力发展水平。在具体发展过程中，我国江苏省苏州市是首批国家级服务型制造业城市之一，近年来逐步推动服务业与制造业有机结合，初步实现了制造业为服务业提供资源、服务业为制造业提高效率的良好互动趋势，“两业融合”也得到了一定落实，为其他地区的“两业融合”工作模式提供了一定的参考。苏州在“两业融合”过程中取得了较为显著的成果，主要由于苏州具备先进的制造业，服务业也取得了一定成就。整体工业基础扎实，服务业具备较强的发展优势，“两业融合”条件较为理想。尤其是制造业水平不断提高为“两业融合”提供了重要保障，苏州制造业产业配套较为完整。2023 年，苏州已有 13000 多家工业企业，各企业覆盖了 35 个行业大类，涉及 172 个行业中类与 513 个行业小类，已跻身为现阶段国内乃至国际范围内工业体系相对完善的城市队伍，整体产业集群呈现出不断发展的良好趋势。截至 2023 年，苏州市产值在千亿以上的工业行业大类已有 11 个，覆盖了生物医药、高端装备、汽车及零部件等各个领域，整体集群优势不断提升，已有 33 家企业获得了工信部制造业单项冠军企业称号，同时具备401家专精特新“小巨人”企业，尤其是在智能制造方面取得了令人瞩目的成就。苏州在2023年累计落实了21861项智能化改造与数字化转型项目，相关项目涉及11646家工业企业，整体覆盖率高达92.9%。与此同时，苏州现代服务业也取得了长足发展，行业贡献度大幅提升。仅在2023年，苏州第三产业增值到了12916.8亿元，其中服务业增加值占据了整体的52.4%。

此外，苏州外贸出口行业也开始向新业态发展。2023年外贸出口额高达15081.6亿元，跨境电商出口数提升了63.4%。各类新兴服务行业也相应在政策支持下取得了大幅提升。2022年8月，苏州出台了《关于推动苏州市新兴服务业高质量发展的指导意见》等文件，对“两业融合”提出更多要求，发展数字赋能、知识驱动、消费导向等三个类型的服务业已成为重点方向，“两业融合”也相应在三个发展方向的支持下取得了长足发展。在此过程中，“两业融合”也相应出现了较为明显的发展特色。苏州通过不断探究“两业融合”发展模式而最终形成了延伸式、强链式、集群式、平台式等各类新型融合发展模式。其中延伸式融合发展旨在提升“制造业服务化、服务业制造化”发展水平，保障服务业龙头企业由仅制造产品发展为同时关注产品与服务的发展模式。而在强链式“两业融合”发展过程中，主要工作内容为连通上下游整体价值链，促进产品从供应至交付使用全流程“一站式”完成。在此模式下，苏州出现了亨通、华兴源创、恒力等新企业，各个企业都具备较强的群链牵引力，产出规模也相对较大，整体创新水平相应得到了大幅提升，使得全链式解决方案不断增多，为后续发展提供了更多保障。集群式“两业融合”模式下，电子信息行业、装备制造行业、生物医药行业、先进材料行业等都相应构成了创新集群，与数字化、知识化、消费化等新兴服务行业共同发展，促进“两业融合”不断完善。在平台式"两业融合"模式下，工业互联网也相应逐步形成，元宇宙与供应链都开始向"平台+场景"的方向发展，以此共同推进各个企业向跨行业与跨领域的模式不断整合。在"两业融合"过程中，发展环节也相应面临一定问题。在解决相关问题的过程中，苏州致力于分析问题具体情况，并将高质量发展作为"两业融合"的最终发展目标。但从实际融合发展情况来看，其中仍存在关联度缺失、数字赋能动力较弱、支撑力度不足等问题。其中"两业融合"缺乏内在关联度体现为两方面，其一为苏州制造业现阶段虽已取得了一定成绩，在全球产业范围内的加工制造环节都已较为完善，但广告策划环节仍相对不足，对品牌缺乏应有的管理与营销，相关高附加值服务能力也相应不足，导致苏州先进制造业与高端服务业始终无法提升内在关联度。其二为苏州服务业整体虽相对先进，但现阶段尚未呈现出如阿里巴巴、腾讯等龙头企业的发展态势，制造业在发展过程中缺乏高端与智能的发展力支持，本应存在的数字赋能在"两业融合"发展中相对不足。苏州拥有较为成熟的产业体系和完整的产业链条，但在数字化转型和产业升级方面仍处于摸索阶段。目前，工业互联网平台主要由行业的领头企业建设和维护，其功能主要服务于自身的业务需求，尚未有效整合产业链上的其他企业。此外，在促进先进制造业与现代服务业融合的过程中，苏州面临一定挑战。从政策层面来看，尽管苏州推出了多项旨在促进"两业融合"的激励措施，如资金奖励和租金补贴，但缺乏针对不同行业及企业在各个发展阶段所需的精细化政策措施。在市场环境上，与"两业融合"紧密相连的现代服务业（包括科技金融服务、移动互联网应用以及信息安全服务）依然面临一定的市场准入障碍。就人才培育而言，对于促进"两业融合"至关重要的复合型和技术型人才的培养仍然不足。为了进一步推进"两业融合"的发展，苏州需明确新的切入点，促进先进制造业与现代服务业之间的相互渗透，从而催生新的业态，并助力苏州实现更高水平的发展。面对新的形势，深刻把握“两业融合”的发展趋势，并集中力量在关键领域和环节培育融合发展，让制造更加智能化，让服务更加精准化。坚持协同推进的原则，探索先进制造业与现代服务业融合的新路径。首先，构建融合体系。通过多层次的“点线面体”策略，促进现代服务业与先进制造业的深度融合——“点”是指强化龙头企业的示范带动作用；“线”是指深化产业链上下游的合作；“面”是指推动区域内产业集群的发展；“体”是指建立一个成熟的产业生态系统。其次，完善推进机制。增强各部门之间的合作，设立促进“两业融合”的产业协作平台、综合服务平台及对外交流平台。最后，优化主导行业结构。遵循“巩固、培育、融合、推动”的思路，即稳固提升金融业、批发业、交通运输业等支柱产业，发展节能环保服务、会展服务等新兴产业，促进生产性服务业与制造业先导领域的结合，并推动信息技术服务和科研服务业的不断壮大。实施产业集群战略，形成“两业融合”的产业布局。在实施产业集群战略时，兼顾专业化与多元化。一方面，强化产业园区和功能园区的专业化集聚效应。支持核心企业与研究机构、高校共建技术开发平台和产业技术创新联盟，实现资源共享、价值整合、开放式创新及规模效益，从而促使以开发区为基础的传统产业集群向以科技创新平台为核心的创新型集群转变。另一方面，积极促进沿产业链分布、多种服务业态融合的多样化集群发展。针对本地主导产业如电子及通信设备、智能装备和新材料，优化生产性服务业的布局，加速引入并培育一批总部平台机构、优质服务业资本以及高端技术和专业人才，从而构建“两业融合”发展的新格局。借助创新平台，提升“两业融合”的质量。利用中国（江苏）自由贸易试验区苏州片区的优势，建立国际性、区域性、行业性的开放合作创新平台及海外人才离岸创新创业高职院校财经商贸类专业群，形成以企业实际需求为导向的产学研一体化创新平台。加速创新成果转化为实际生产力，解决在创新链与产业链深度融合中出现的动力不足和能力欠缺问题。进一步提高科技成果孵化器平台的建设水平，以高端制造业需求为牵引，推动现代服务业与先进制造业的协同发展。完善保障条件，构建“两业融合”发展的生态系统。通过改善政策、资金和人才的支持条件，不断完善“两业融合”的生态系统。首先，完善政策支持。进一步放宽现代服务业的市场准入门槛，取消不必要的前置审批和资格认证，在市场准入、质量监督、消费者权益保护以及税务管理等方面实行线上线下的统一管理。其次，优化金融服务。建立和完善企业的融资信用平台，推动物流、金融和供应链金融服务的发展，吸引各种风险投资基金和技术中介服务机构，同时，扩大知识产权质押融资的适用范围，为“两业融合”提供财务支持。最后，强化人才保障。加强对“数字经济+制造业”领域的人才引进与培养，造就具备跨界能力和高素质的复合型人才。

第二章 “两业融合”的发展战略研究

第一节 “两业融合”发展的特征

一、价值链间关联性

依据价值链理论，产业创造价值的过程可划分为上游、中游和下游三个紧密关联的环节。融合的本质是在经济和市场等因素的影响下，对产业内的核心价值环节进行非线性的整合，形成一个系统的网络。随着市场上对“制造+服务”一体化产品的需求增长以及融合型产品供应的增多，融合型产品的需求比例也在上升。“两业”可以通过加强内部的研究设计，促进核心价值环节的整合，从而不断提升“两业”的融合程度。在上游环节，主要通过增加研发、设计、科技咨询等活动来提升价值链前端的能力，以此逐步实现

"两业融合"的模式。这一模式对企业的研发能力和资本投入均有较高要求，且伴随着较大的风险和不确定性，通常适合那些在产业中具有竞争优势的领军企业。而在下游环节，则强调制造业价值链的延伸，通过在金融、销售、物流和售后服务等服务性活动中的拓展来寻求发展空间，这种方式对制造业企业的门槛较低，通常适用于正在经历"服务化"转型的企业。两端牵引指的是同时在价值链的上游和下游进行融合，新一轮的产业技术变革，尤其是以智能制造为代表的技术进步，将进一步推动价值链融合向两端扩展。全链覆盖模式则意味着在整个价值链上实现全面融合，这是"两业融合"的一种高级形态，其表现形式如图 2–1 所示。

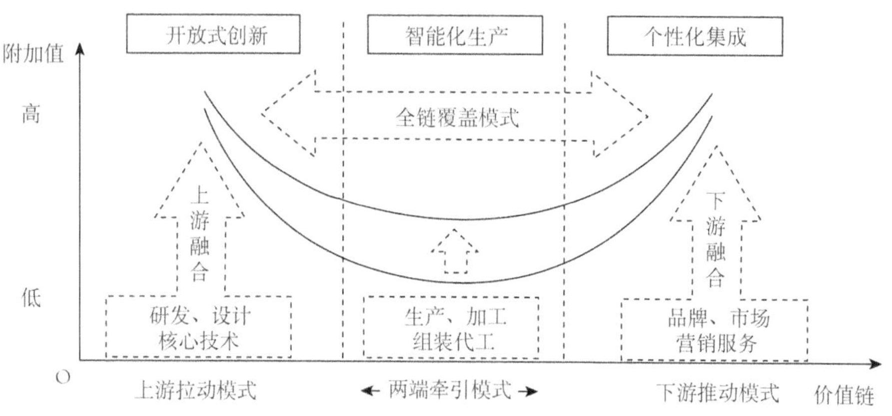

图 2–1 "两业融合"过程中价值链的体现

在"两业"发展的基础上，市场供需双方已经形成了较为稳定的交易模式和规则，市场交易机制也日益成熟和完善，这为"两业"的市场融合奠定了良好的基础。一方面，大多数生产性服务业具有知识密集的特点，知识创新和技术革新成为其发展的主要驱动力。生产性服务业通过提升制造业的研发创新能力和市场开拓能力，促进了制造业价值链的分解与扩散。同时，价值链的分解也受到制造业发展水平差异的影响，某些环节能够从价值链中分离出来并且独立运作。另一方面，价值链中价值环节能否分离，还取决于它们对制造业的重要性。由于各个生产环节所具有的竞争优势不同，那些对制造业具有核心竞争力的价值环节往往会被保留下来，而增值能力较弱的环节则会从价值链中退出或分离。我国全面深化改革催生了大量产业“助推器”，推动了生产性服务业的升级，促进了创新发展模式的应用。产业间核心价值在价值链上的整合实际上是创新要素的整合，整合后形成的整体价值链不仅降低了市场交易成本，减少了进入市场的壁垒，而且使各方利益趋向一致，产业界限变得越来越模糊。

二、科技创新驱动性

在新一代信息技术迅速发展并加速应用的背景下，技术创新能力的强弱决定了在产业边界处进行创新的难易程度。随着工业化的进一步推进，制造业的成本和规模优势逐渐减弱，作为国民经济支柱的制造业，必须通过高质量的研发设计与制造方式来获取竞争优势。同时，在我国生产性服务业多年的发展过程中，暴露出产业平均规模较小、效率低下以及依赖性强等问题。因此，唯有通过技术创新，才能突破现有产业发展的局限性和专用性，促进产业整体的产品与市场融合，最终实现“两业”的完全融合。在融合过程中，研发人员作为技术创新的“催化剂”，积极促进新产品的差异化生产；而技术创新的效果则体现在新产品的设计、生产和销售等多个方面。因此，创新投入越多，产业的新产品创新能力就越强，产业原有的技术路线和生产函数也会随之改变，新技术和新产品得以实现跨产业的共性技术和知识共享，最终促成两大产业的完全融合。此外，科技创新的产出能力也是一个重要的衡量指标。产业的创新产出总量越大、质量越高，其新产品实现能力就越强，可以根据市场需求适时进行融合型产品的设计、开发和实现，具备趋同的产品能力。

三、内外环境挤压性

“两业融合”是一个涉及两大产业边界模糊化、协同发展的长期复杂过程。遵循“两业融合”的内在规律，充分发挥企业的创新驱动作用固然重要，但行业竞争、政府政策支持以及制度环境优化等外部推动力也不容忽视。在全球化背景下，“两业融合”发展的结构受到了诸多影响。首先，企业的科技创新和自主研发给传统制造业带来了重大冲击，随着规模以上工业企业数量的增加，市场供给也随之发生变化，那些能更快适应市场需求的企业将率先占据市场份额。在此激烈的内部竞争环境下，“两业”需要加强彼此之间的合作关系，利益目标趋于一致，产业协同不断增强，从而使得产业之间的关系从相互关联互动向全面融合过渡。其次，政府在制定“两业”相关政策时，也在一定程度上决定了融合过程中核心发展要素的配置；同时，政府对产业的投资规模直接影响到“两业融合”时的行业进入壁垒及其融合程度。由此可见，产业内部的企业竞争压力与外部的政府投资环境都在促进“两业融合”方面发挥了重要作用。

第二节　“两业融合”发展的理论基础

“两业融合”的基础在于两大产业之间强烈的关联性，各自产业本身也是完整的开放系统，并且融合需要经历从初级到中级再到高级的阶段，最终形成深度整合的系统。这一复杂系统的形成符合“自组织理论”，即在没有外部指令的情况下，系统自然地从低级向高级演进。“自组织理论”包含了耗散结构理论和协同学理论等基本原理。其中，融合系统与外部环境之间的要素交换符合耗散结构理论，而系统内部的竞争与协同作用则体现了协同学理论的思想。因此，本书将在组织理论的基础上探讨“两业融合”系统，尽管两者都是围绕融合系统展开，但各自的理论框架和研究方法各具特色。

一、耗散结构理论

宇宙系统及其子系统在现实中往往是无序和混乱的，并且频繁地与周围环境进行物质和能量的交换。普里戈金（1986）认识到现实世界中存在着无序性、不稳定性和变化性的非线性关系，在此基础上，布鲁塞尔学派提出了耗散结构理论。自然科学中诞生的这一理论方法逐渐成为社会科学领域中的新兴研究范式。Perrings Charles（1986）指出，经济—环境系统满足耗散结构的复杂特性。Ahn，HyeonHyo（1998）则利用耗散—非平衡热力学来研究金融投机系统的驱动力。赵凯莉（2019）将这一理论应用于企业创新系统，通过系统熵变分析探讨企业创新的演化过程。严建援（2019）建立了自主创新区域的耗散系统，以验证系统创新绩效之间的关系。郑捷（2020）基于耗散结构理论，构建了 Logistic 演化模型，用于划分区域物流系统的发展阶段。王展昭等人（2021）则构建了区域创新生态系统的耗散结构判定模型，以评估不同区域有序度提升的潜力。

二、耗散结构理论特征

（一）开放性

耗散结构理论为研究“两业融合”提供了良好的基础。在孤立系统中，系统熵会随着时间的推移而增加，因此孤立系统中不可能存在耗散结构。融合的复杂系统与社会、环境、文化等因素都有相互作用，产业之间也存在一定程度的信息交流。即使无法达到完全无障碍的开放，但这种有限的交流也确保了各子系统间的协同作用。在这种交流的基础上，“两业”都处于开放状态，满足了开放性的要求。

（二）非均衡性

在“两业融合”的整体系统中，每个子系统内的所有变量都处于不断变化之中，因此如果某个子系统处于均衡状态，它必然会受到周围环境及其他子系统的影响，导致其平衡性发生变化，并进入下一个演化阶段，处于长期的非均衡状态。需要注意的是，此过程中所达到的均衡状态属于理想条件下才能达到的状态，实际情况下能达到的可能性微乎其微。

（三）非线性

在制造业与生产性服务业系统处于非均衡状态时，众多子系统会构成“两业融合”的整体系统。由于每个子系统包含不同的要素，这使得整体系统内部的要素间并非简单的线性关系。同时，“两业”附近的子系统会因整体系统处于不稳定状态而被放大，系统内部的“涨落”促使整体系统从原有状态转变为新的有序状态。因此，系统内部存在的非线性关系成为“两业融合”的一个重要特征。

（四）涨落性

“两业融合”过程中，各子系统中偏离阈值的变量变化推动了融合系统的协同演化，“涨落”现象则是系统从无序转向有序的驱动力。在融合过程中，这些“涨落”会被累积成影响系统演化的“巨涨落”，这一特性对于实现“两业融合”的有序结构起着决定性的作用。

三、协同学理论

协同学主要研究开放系统在相互竞争与协作中形成的有序结构，它是由德国科学家赫尔曼·哈肯在20世纪创立的一门交叉学科。在协同学的发展过程中，国内外学者逐渐将物理学中的哈肯模型应用到能源、经济与环境的研究领域。Xu Q R，Xie Z S（2004）基于Haken提出的创新理论和协同效应，对中国领先的中兴通讯公司长达17年的创新与发展进行了考察，并通过系统动力学建模研究了企业的创新协同作用及其动态过程。赵玉玲（2014）采用自组织方法和哈肯模型建立了协同演化方程，选取技术进步和产业融合作为产业演化系统的关键变量，研究了基于行业融合和技术进步的协同演化机制。张士华（2018）为分析跨境电商协同发展的演化路径，以协同学为基础构建了内外部协调发展的创新网络。吴金玉等（2019）利用协同学的核心指标——序参量，分析了技术创新网络的演变路径。

根据协同学理论，系统要产生协同作用至少需要满足以下两个特征：一是系统内部子行为始终受序参量的影响；二是各子系统之间的有机联系和协调合作是实现有序发展的必要条件，系统运行的调节作用需要建立有效的反馈机制以确保其运行轨迹的准确性和完整性。（1）序参量主导性：

协同学理论为研究制造业与生产性服务业的融合提供了良好的理论支撑。如果子系统内部缺乏某种相互作用，则不利于系统内部有序的生成。在“两业融合”的系统中，如果没有核心价值链的重新整合、科技创新的投入产出等内力，以及政府宏观调控等外力，各经济主体由于系统内部的不平衡性，也会自发并持续地进行系统固有的无序运动。(2) 关联协调性：系统中存在的非线性相互作用促使关联子系统进行有序运动。在所有驱动因素中，要素间的不稳定性导致某一项子要素发生变化，进而带动后续的内部反应，而内部反应又反过来影响系统活动，二者交叉作用，进行有序运动。这种动态驱动机制将有力推动“两业”网络的融合。

第三节　“两业融合”发展的驱动机制

在经济、社会等因素的影响下，根据“两业融合”发展的特征可以看出，价值链间的关联性通过影响产业的核心价值环节，进行无序整合形成系统网络；科技创新则作用于技术和产品创新的产出，进而模糊产业边界，促进融合；内外环境的挤压性则从产业市场的角度分析了在支持与竞争下对行业壁垒的影响。这三大特性不仅体现了推动融合发展的三大驱动力，而且它们相互作用、相互影响，在“两业融合”的不同阶段共同发挥作用，促使“两业融合”从低级动态向高级动态演化。

一、“两业融合”发展的驱动力类型

（一）基础价值动力

从融合的本质来看，其核心是各产业核心价值的合并重组。綦良群等（2017）认为，产业融合的本质在于价值链的分解与整合。基于这一点，本书认为在经济发展过程中，各产业的核心价值环节在经济、社会、文化和环境等外部因素的影响下进行无序整合，形成新的价值链系统网络。由于各价值链环节的增值能力和竞争优势各异，增值能力强的环节将会被保留，反之，增值能力弱的环节则会从价值链中退化分离。重组价值链后的“两业”必然会加强自身研发和设计环节，促进新核心价值的发展。新整合的价值链具备双方的核心竞争力，因此市场交易成本和进入壁垒降低，各方利益趋向一致，产业边界逐渐变得模糊，这就是驱动机制之一的“基础价值动力”。

（二）内生创新动力

为适应社会环境的发展，产业内部的科技创新能力同样至关重要。郭澄澄（2019）的研究，证实了在技术创新协同机制的作用下，产业内生增长能够主动引导和促进产业结构的转型升级。因此，驱动机制之二的“内生创新动力”，可以理解为通过科学技术创新打破现有产业的局限性和专用性。研发人员作为技术创新投入的“催化剂”，积极研发设计出符合社会需求与市场价值的新技术与新产品，实现满足两大产业共性技术和知识的需求。同时，创新能力还表现在科技创新的产出能力上，当两大产业具备生产目的趋同的产品能力时，就能实现适应市场需求的融合型产品，从而推动两大产业的融合发展。

（三）外生市场动力

规模以上企业数量的增加导致市场供给关系发生变化，那些能够优先适应市场需求的企业将率先占领市场份额。在激烈的市场竞争下，两大产业需要加强彼此之间的合作关系，确保利益目标一致，并提高产业协同水平，实现从关联互动向全面融合的过渡。在市场外部，政府在一定程度上决定了融合过程中的核心发展要素，其对产业的投资规模将直接影响到两大产业融合时的进入壁垒和融合程度，这就是驱动机制之三的“外生市场动力”。

二、驱动力的协同作用机制

（一）基础价值动力与内生创新动力交互作用

在融合过程中，“基础价值动力”体现在核心价值环节的重组与配置上，各产业通过要素的流动与互补形成融合系统。融合初期，“两业”的发展主要依赖于各自产业内部的比较优势，核心部分基本上是现有的资源，而架构、技术等具有竞争力的要素尚未发挥作用，新技术和核心产品也未得到充分开发与挖掘，因此提升空间较大。此时，“两业融合”仍处于初级阶段。

（二）基础价值动力与外生市场动力的交互机制

在融合进程中，内生创新动力通过新技术和新产品的研发推动融合进入下一阶段。各产业在经济活动中通过价值链的重新整合来弥补发展短板，以价值链整合为基础动力是促进融合的关键。在融合中期，各产业在运作过程中通过与外部系统进行信息、资源、技术等要素的交换，调整系统内部结构，从而推动“两业融合”整体进入中级融合阶段。

（三）内生创新动力与外生市场动力的交互机制

行业内部的竞争压力与行业外部的政府投资作为外生动力，为系统的融合提供了有力保障。只有当政府投资基于各产业充分发挥其比较优势时，融合才能发挥最高效的节点作用，促使二者之间相互依赖、相互影响。每次行业内部竞争和外部支持都会促使更高效有序的要素流动，并将影响子系统融合状态的信息反馈给子系统。在融合后期，由于产业间竞争的外部压力和政府对产业投资的支持，“两业”的核心价值环节实现了从“点对点”到“链对链”再到“面对面”的重新整合，最终形成融合网络系统，增强了“两业”之间的协同作用，使“两业”的融合发展达到网络高级融合的状态。

（四）各驱动力间的交互作用

根据前面的分析，三种动力不仅分别作用于融合过程，还存在着交互运作机制：基础动力与内生动力相互促进，基础动力与外生动力相互依托，内生动力与外生动力相互引导。一方面，由此产生的驱动因素之间的动态效应构成了融合驱动机制的基本内涵。相关研究表明（李新宁，2018；王小波，2016；李宁，2018），制造业与生产性服务业协同演化的起点在于“两业”的产业关联性。在此前提下，制造业与生产性服务业通常沿着“技术融合—产品融合—市场融合”的路径动态演进（李琳，罗瑶，2019；王成东，2015）。这意味着，具有相互关联性的制造业与生产性服务业，首先通过技术创新打破两个产业之间的壁垒。例如，有学者

（王成东，2015）以装备制造业为例，研究了技术创新有助于打破由产业技术专属性所带来的产业刚性发展轨道，最终形成扩散型的技术融合。另一方面，生产性服务业利用制造业广泛的市场，也将“融合型”产品推向市场，这表明新产品能力越强则越能促进融合水平的提升。当技术和产品的融合达到一定水平后，“两业”相较于原有市场的份额增加，双方逐渐适应这种融合型发展模式，此时市场交易模式和机制也较为成熟，两产业逐渐实现市场融合。基于此，本书认为，在遵循产业融合发展的一般规律下，驱动序参量应遵循“基础价值动力—内生创新动力—外生市场动力”的演变规律，并且在演变过程中不是由单一动力在起作用。需要强调的是，正如前所述，三大驱动力在“两业融合”的不同阶段各自独立地发挥关键驱动作用，同时驱动因素之间又相互作用，共同推动“两业融合”从低级阶段向高级阶段演进。而且作为一个协同有效的驱动因子子系统，驱动因子之间的联动机制的建立与交互作用效应的发挥对于“两业融合”的有序高效推进尤为关键。

三、产业结构理论

回顾产业的形成与发展历程，自人类开始主动制造生产和生活资料之时起，社会分工便应运而生，这不同于自然界的分工。随着人类生产能力的提高和生产工具的更新换代，历史上经历了三次重大的社会分工。经过这一阶段的发展，初步形成了早期产业结构的雏形，此时的产业部门主要包括农业（涵盖畜牧业与种植业）、手工业和商业，这也标志着人类从野蛮时代过渡到了文明时代。随着生产能力、生产技术和工具的不断进步，社会分工得到进一步深化，分别在 18 世纪 60 年代、20 世纪初以及 20 世纪四五十年代爆发了第一次、第二次和第三次产业革命。随之而来的是众多新兴产业部门的涌现，产业分类也变得更加细致。经济社会的发展实践为产业经济学理论体系的形成与发展提供了现实基础与理论来源。

产业结构理论是产业经济学中的一个重要分支，其起源可以追溯到被誉为“政治经济学之父”的威廉·配第在1690年出版的《政治算术》一书。书中描述了不同产业的收入状况，指出商业部门的收入显著高于工业部门，而工业部门的收入又高于农业部门，这一特点会导致劳动力在不同行业间的流动，从而揭示了产业结构的变化趋势，后人将其归纳为“配第定理”。在此基础上，英国经济学家克拉克（1940）继承了费歇尔（1935）提出的“三次产业分类法”，通过对40多个国家和地区的研究，得出了与威廉·配第相似的结论：第一产业的收入最低，为了追求更高的收入，劳动力会逐步向第二和第三产业转移，经过长时间的积累，最终导致产业结构的根本性变化。

对于国民收入较高的经济体，第二和第三产业的比重通常较高，而在国民收入较低的经济体中，第一产业的比重则普遍较高。在此基础上，美国经济学家库兹涅茨（1971）从国家层面深入研究了产业结构的变化规律，由此揭示了不同国家在不同发展阶段中，三次产业的产值与劳动力占比的变化模式。钱纳里（1975）则采用了经济计量的方法，通过对大量数据的统计分析，得出了一个人均国内生产总值处于不同区间时，对应不同产业产值比重和劳动力份额的“标准结构”。

德国经济学家霍夫曼（1931）专注于工业部门的内部结构研究，他将工业部门细分为消费资料工业、资本资料工业和其他工业，并提出了“霍夫曼系数”，即消费资料工业净产值与资本资料工业净产值的比例。这一比例可用来判断工业化的不同阶段。随着工业化的推进，工业内部结构演化的普遍规律是“霍夫曼系数”呈逐渐下降趋势，当该系数降至1以下时，表明资本资料工业创造的净产值超过了消费资料工业，此时工业结构转变为以资本资料工业为主导，工业化进入了中后期阶段，也就是重工业化时期。

日本经济学家赤松要（1935）揭示了后发国家如何通过参与国际贸易和国际分工，利用先发国家的比较优势来实现本国产业结构的升级。这一理论经过小岛清等学者的发展，最终形成了“雁行产业发展形态”理论。该理论指出，后发国家的工业发展路径类似日本的历史经验：先是依赖进口，然后转为国内生产并开拓出口市场，最终实现大规模出口。在工业化初期，由于生产资料和技术能力的限制，后发国家无法生产复杂产品，只能依赖进口；在工业化中期，通过引进技术和资本，后发国家逐步具备生产先进产品的能力，并凭借低成本和规模优势进入国际市场；在工业化后期，随着要素成本降低和规模经济效应的积累，加上资本和技术条件的成熟，后发国家最终能够在国际市场上赢得一定份额，甚至挑战先发国家的市场地位。雁行产业发展形态理论探讨了产业从先发国家向后发国家的转移，这对于接受产业转移的后发国家来说，有助于加速其工业化进程，实现经济增长和产业结构的升级。

美国经济学家瓦西里·里昂惕夫（1966）主要关注各产业部门之间复杂的关系，并开发了一种实用的分析工具——投入产出分析法，这种方法已经在全球范围内得到了广泛的认可和应用，许多国家和地区的学者和研究机构普遍采用这一方法，目前已有近一百个国家和地区基于该理论编制了投入产出表。经济系统是由多个产业部门构成，这些部门之间相互交织、相互依赖，每个部门既是产品的生产者，提供一定的“产出”，又是产品的消费者，需要消耗一定的“投入”。各部门的总投入与总产出保持平衡（总投入等于总产出），通过“投入”和“产出”的量化，可以清晰展示产业部门之间的经济技术联系。

四、价值链理论

（一）传统的价值链理论

迈克尔·波特（1985）在其著作《竞争优势》中，将竞争力分析从产业层面细化到了企业内部，系统地提出了以企业为研究单位的“价值链”理论，这一理论也被称为经典的价值链理论。根据这一理论，企业的价值活动被细分为设计、采购、生产、销售和服务等一系列具有不同职能的环节，这些环节并非孤立存在，而是相互依存、相互影响，共同构成了一个具有价值创造的链条，即价值链。企业的价值活动分为基本活动和支持活动，前者直接与产品的生产和流通相关，包括进货后勤、生产运营、发货后勤、市场营销和服务五个方面；后者则为基本活动的高效执行提供支持，涵盖采购、技术开发、人力资源管理和企业基础设施四个方面。波特的价值链理论以实现利润为目标，企业通过提供产品或服务来满足客户需求，而客户愿意支付的价值直接决定了企业价值活动所能获得的利润。

对企业价值链进行分析的目的在于理解和掌握企业的价值创造流程，识别出价值链上构成企业竞争优势的关键环节，并对这些关键环节进行管理和控制，以期达到更好的成本节约和效益提升，实现价值创造与增值。在价值链理论发展的初期，基本活动通常被视为企业竞争优势的主要来源，企业的战略重点也主要集中在这些基本活动上。然而，随着市场从卖方导向转向买方导向，辅助活动的战略重要性也日益凸显。为了争夺更大的市场份额，越来越多的企业开始重视辅助活动领域，通过增加研发投入、提高人力资源效率以及设备更新等方式，来培养企业的核心竞争力。

（二）价值链边界的扩展

传统的价值链理论主要关注企业内部的价值活动分析，然而，随着产品内部分工的深化、科技进步以及市场环境的变化，价值链中的增值环节变得更为复杂。价值模块在解构和重组后，市场上涌现出许多具有比较优势的价值环节。在这种情况下，仅仅局限于企业内部的价值链分析可能难以发挥显著效果。为了避免陷入内部价值链竞争的困境，企业需要将价值链向外延伸，参与整个产业价值链的竞争。在产业链上，围绕某一特定产品生产的相关企业各自承担着不同的价值活动。将这些价值创造活动串联起来，形成一个基于产业层面的紧密相连的价值链系统，有助于在庞大的价值链体系内协调和整合各项活动，从而发挥更大的协同效应，共同创造更高的价值。此外，根据“微笑曲线”理论，附加值较高的活动通常集中在产业链上游的研发端和下游的市场端，而处于中游生产环节的企业，由于市场竞争激烈、产品同质化严重、产能过剩等问题，导致生产制造活动的附加值较低、利润微薄。为了在饱和的市场环境中生存，企业应积极向附加值较高的环节发展，以获得竞争优势并创造更多价值。

随着产业内部分工的国际协作不断加深，国家间的联系日益紧密，产业价值链上的不同业务环节被分配到不同的国家和地区。例如，从国外进口原材料在国内进行加工，再以中间产品或最终产品形式销往国外。这种在全球范围内进行采购、生产、加工、销售等活动，以实现商品或服务价值的组织结构，就是所谓的全球价值链，它是产业价值链向国家和地区层面的扩展。近年来，我国通过吸引外资、引进生产线等方式积极参与全球价值链，但由于主要从事加工、代加工等低附加值业务，导致长期处于价值链的低端位置，因此在全球价值链中的地位亟须提升。

（三）价值链形态的变迁

随着科学技术的进步，价值创造不再局限于实物产品的制造，利用信息资源创造价值的活动也变得十分普遍，这种信息处理的增值过程与实物价值链有所不同。Rayport 等（1995）在其文章《开发虚拟价值链》中，将存在于信息包装中的虚拟世界里的价值活动链称为虚拟价值链。在信息经济时代的企业不仅要面对实体世界的竞争，还要应对虚拟世界的竞争，这两者虽然遵循不同的竞争规则，但并行存在。企业的每一项价值活动都可以分为利用传统生产要素的增值活动和利用信息要素的增值活动。将这两种类型的价值链结合起来，有助于打破物质资源的限制，从而创造更多的价值增值机会。

此外，为了在由消费者需求主导的激烈市场竞争中抢占先机，企业继续沿用传统的供应链管理模式已经难以奏效。因此，Slywotzky（1998）建议改变传统的供应链模式，转而采用价值网。David Bovet（2000）进一步阐明了价值网的概念，即以顾客的实际需求为中心，利用互联网技术密切关注顾客群体的需求信息，并根据顾客偏好的变化迅速做出相应的价值创造体系。在这个体系中，所有参与者（如合作伙伴、供应商等利益相关者）组成了一个动态的利益链接，共同协作以满足顾客对产品或服务的需求，从而能够快速制订解决方案，缩短产品进入市场的时间。

与价值链的线性结构不同，信息技术驱动的产业融合导致产业边界日益模糊，企业的跨产业经营使其拥有多重身份，这使得价值网中的各参与主体之间的关系变得复杂，不再是单纯的竞争或合作关系，而是在多条价值链的多个环节中存在网状联系，最终价值网呈现出一种交互式的网络架构。

五、产业融合理论

（一）产业融合的内涵

美国经济学家卢森伯格（Rosenberg）致力于研究技术变革与经济增长之间的互动关系，并在多个行业中探索了技术变革的经济力量。他在1963年发表的文章《机床产业的技术变革（1840—1910）》中首次使用了“融合”（Convergence）一词。文章指出，通用技术在不同行业之间的传播和应用实现了跨产业的技术融合。例如，原本互不相关的火器、缝纫机和自行车制造产业，因为技术上的紧密联系而产生了关联。

20世纪七八十年代，通信和信息技术的迅猛发展开启了多个产业部门之间的技术融合。Greenstein和Khanna（1997）关注媒体、计算机和通信产业的技术融合；Ono和Aoki（1998）关注电信、出版和广播产业的信息技术融合；Mueller（1999）关注将各种媒体形式（如照片、文档、视频、音乐等）整合在一起的数字技术应用所带来的产业整合；Lind（2004）则关注电信、媒体、计算机及消费电子产品产业的技术融合。

显然，最初对产业融合的研究主要集中在技术融合上。Yoffie（1997）认为，数字技术的融合和应用导致了原本生产独立产品的企业进行合并和重组，独立产品也转变为复合型产品，因此产业融合的本质在于技术融合。马健（2002）则认为技术融合为产业融合奠定了基础，因为它能够引发产品性能的变化，进而改变市场的消费需求和消费习惯，最终影响产业之间的竞争与合作关系。通过对产业生命周期理论的分析，Lind（2005）认为技术革命推动了产业边界的消融和重构，技术的扩散和融合是产业融合的根本原因。

产业融合理论在初期通常被解释为技术融合，但仅从狭义的技术融合层面理解产业融合是不够全面的，尤其是在经济环境和市场需求不断变化的背景下，技术融合已不足以全面代表产业融合。实际上，技术融合只是产业融合的必要条件而非充分条件。产业融合不仅发生在技术层面，还包括其他层面。胡汉辉等（2003）认为产业融合的初始阶段是技术融合，随后是产品和业务的融合，最终只有实现市场的融合，才能完成真正意义上的产业融合。Hacklin（2010）将产业融合视为一个动态过程，首先是不同体系知识的交汇融合，其次是由融合知识外溢带来的技术融合，最后是为了创造新价值的应用融合，最终实现产业边界的消融。Curran 和 Leker（2011）认为理想的产业融合轨迹是科学融合→技术融合→市场融合→产业融合。姜博（2015）从演化经济学的角度指出，在技术、制度等外部冲击下，产业融合表现为旧产业融合系统的失衡到新产业融合系统稳态的形成过程，这一过程是逐步进行的，依次经历技术融合、产品融合、机构融合、业务融合，最后达到市场融合。每个融合阶段都需要经历一个发展过程，从初步融合到应用融合以产生溢出效应，再到融合的成熟，最终实现向更高级融合阶段的跨越。

由此可见，产业融合是一项系统性的多维度工程，不仅表现为技术融合，还包括产品融合、市场融合、业务融合和机构融合。同时，跨产业的渗透和融合是一个渐进的过程，无论是单个的技术融合、市场融合，还是从技术融合到实现完整的产业融合，都不是一蹴而就的。此外，产业融合带来了组织机构的整合和价值链的重构，改变了产业间原有的竞合关系，使融合后的产业兼具多个产业的属性，导致产业边界的模糊乃至消失。

因此，本书将产业融合定义为：不同产业在技术、产品、市场等领域相互交叉、渗透，从而打破产业间的原有界限，带来原有产业的升级或新产业的形成，最终构建出一种新型的竞合关系动态变化过程。可以预见的是，产业融合将在更广泛的领域展开，并对经济社会产生深远的影响。需要明确的是，产业融合并不是简单地将分离的产业重新组合在一起，也不是简单的产业分工的逆转，而是在社会生产力发展到一定高度，产业分工深化到一定程度后，对细分产业的一种再组织，是在产业分工基础上的一种更高层次的进化。

（二）产业融合的驱动力

显而易见，技术融合是最关键的内在驱动力。Lei（2000）指出，技术创新推动了产业融合的发展，而Stieglitz（2003）则认为，技术和创新的融合不仅促进了产业融合的发展，还催生了新产业的诞生。最早的产业融合始于通用技术在不同产业中的应用与扩散，而如今，"互联网+"模式下的产业融合则是在互联网技术推动下的一轮新的融合浪潮，极大地激发了经济社会的创新活力。

例如，"互联网+教育"不仅有效利用了用户的零碎时间，还实现了教育资源的共享；"互联网+金融"催生了便捷支付，方便了大众理财，并拓宽了融资服务渠道；"互联网+交通"推出了滴滴快车、神州租车、共享单车等便捷出行方式，提高了市民的出行效率；"互联网+旅游"满足了游客多样化的个性化需求；"互联网+医疗"通过在线问诊、远程会诊、健康教育等方式，提高了医疗服务的可及性和普及性。此外，随着我国新一代信息基础设施建设的持续推进，以及北斗系统的开发和应用，必将推动更广泛的技术创新和产业融合。

政府政策的放宽同样是推动产业融合发展的关键因素。自20世纪90年代以来，随着主要经济体产业政策的逐步放宽，以及贸易全球化和全产业链数字化所带来的经济社会大变革，产业融合已不仅限于技术层面，而是扩展到了多个产业领域的多层次融合。作为产业融合微观载体的企业，无论是为了追求利润最大化，还是为了抢占更大的市场份额，或是出于某种战略考虑，产业政策的放宽使它们能够跨越产业壁垒进行并购活动，一批大型的跨行业、跨国界的综合性企业随之出现。值得注意的是，企业间的跨产业并购与重组只是微观层面的融合，要实现真正的产业融合，还需要大多数企业完成同一类别产业间的融合，或是由某一行业的代表性企业发起对行业产生重大影响的跨产业融合。

消费者需求的不断升级同样是推动产业融合的关键驱动力。随着收入水平的提高和对高品质生活的追求，消费者的偏好越来越个性化、多样化和综合化，这种消费观念的变化迫使市场供给端作出相应的调整。例如，Curran（2010）研究的功能性食品行业，就是由食品和药品行业融合而成的，正是因为消费者对功能性食品的需求而产生的。再如，随着人口老龄化的加剧，如何解决老年人的医疗护理和生活照料问题已成为我国养老和医疗服务体系面临的重大挑战，而“医养结合”的养老模式显然是应对这一问题的有效途径。

例如，金融业从分业经营转向综合经营，不仅满足了客户对多元化金融服务的需求，还有助于金融控股集团整合各类业务，更好地发挥范围经济优势。再如，随着消费者对产品差异化及其附加服务价值需求的增加，制造业企业为了适应市场变化，必须增加对研发设计、产品服务、知识和管理等“软要素”的投入。这种对“软要素”依赖的增强进一步推动了制造业与服务业的融合发展。于明远等（2018）认为，结构的软化有助于提升我国制造业的国际竞争力。

（三）产业融合的经济效应

产业融合的技术创新效应体现在降低知识获取成本、扩大知识传播范围以及加快产品更新速度三个方面。首先，产业融合意味着跨产业外部知识的内部化，这不仅增加了相关产业的知识总量，促进了多种知识和技术的交汇融合，还为企业提供了多元化的知识获取渠道，从而降低了企业的研发创新成本，激励企业进行产品创新和升级，以更好地满足市场需求并获得高额利润。其次，随着产业融合的不断深入，新知识和新技术会不断向产业链上下游扩散，产生知识和技术的溢出效应。上下游企业可以享受到这些知识溢出的好处，从而增强其创新意愿和提高效率。此外，信息技术等高新技术向传统产业的广泛渗透，也能引领传统产业的技术革新。最后，产业融合如同开启了产品创新的竞赛，生产传统产品的企业为了避免被淘汰，会积极寻找新的知识和技术加以学习和模仿，并根据市场规律对传统产品进行改进和创新。传统产品与融合创新产品为了抢占市场份额而相互竞争，这不仅提高了对知识和技术的利用效率，也加速了产品的更新换代。产业融合的资源配置效应因技术创新驱动和非技术创新驱动而有所不同。一方面，为了内化新技术而进行的资源配置调整和优化，如新技术引入、消化、吸收和再创新可以使生产更加集约化和智能化。例如，用于改进整套设备的新技术提高了设备使用效率，依托信息技术的互联网金融提高了资金使用效率和周转率，以及为内化引进新技术而调整优化的人才结构，都显著提高了资源配置效率。另一方面，非技术创新驱动的产业融合，即企业在政府政策放宽、市场需求变化等背景下，为了追求利润最大化而主动发起的兼并、收购等融合行为，使企业能够整合和利用跨企业、跨行业、跨国界的人力、资本、技术和能源等要素，从而更好地配置和利用这些资源。这种融合行为会在市场上引发连锁反应，加剧企业之间的竞争，而这也有利于提高市场资源配置的效率。产业融合的结构升级效应则体现在通过加速三次产业的互动融合，推动产业结构的转型升级。

首先，传统产业的融合化变革，尤其是与高技术产业的融合，能够促进传统产业的技术改造和转型升级。吴福象等（2011）指出，信息技术的嵌入大幅提升了传统产业的竞争力；徐鑫等（2014）认为，新一代信息技术的高度渗透性和替代性推动了制造业的智能化和服务业的智慧化发展。

其次，产业融合导致的产业边界模糊化和消失，改变了企业的竞争与合作关系以及行业的生态环境，为新兴产业的诞生创造了条件。周红英等（2011）和杨枝茂（2018）的研究均表明，加大对高成长性、高附加值、高利润率的战略性新兴产业的布局，有助于推动产业结构升级，促进经济增长。

此外，从前文分析可知，产业融合显著影响技术创新效率和资源配置效率。结合龚轶等（2013）、刘新争（2016）、Saccone 和 Valli（2009）、Swięcki（2017）等国内外学者的研究，技术创新和资源配置是推动产业结构转型升级的关键因素。据此可以判断，技术创新和资源配置作为中介机制，使得产业融合间接促进了产业结构的升级。

产业融合对经济增长的影响。产业融合通过提高技术创新效率、优化资源配置和推动产业结构升级，最终反映在其对经济增长的影响上。周振华（2003）将产业融合视为一种新的革命力量，这种力量将改变产业组织形态、产业结构演进、产业关联以及产业布局，进而对整个经济系统产生广泛的影响。赵珏（2015）综合分析了产业融合对产业发展的影响，认为产业融合通过技术渗透、产业链的解构与重组促进产业的成长和扩张，通过强化市场竞争与协作关系、横向行业的战略联盟影响产业组织结构，通过提供增值服务和产业交叉协作降低研发成本，提升产业组织绩效，并通过改造传统产业和拓展新兴产业推动产业结构升级。李晓龙等（2019）的研究表明，农村三次产业的融合发展有利于农村经济的发展，对农民增收和农村城镇化建设具有积极影响。

产业融合的经济效应是多方面的，有学者研究了产业融合的收入增长效应（程莉等，2019），有学者探讨了产业融合的生产率效应（叶锋等，2020），有学者分析了产业融合的就业拉动效应（喻莎莎，2014），还有学者研究了产业融合的价值链效应（李美云，2011）。关于产业融合及其对经济社会影响的研究仍在不断深入，随着融合化发展的推进，涉及多个产业部门的多种形态的产业融合不断涌现，同时，这也为理论研究提供了实践依据和数据支持。

产业融合通过提高技术创新效率、优化资源配置和推动产业结构升级，最终促进了经济增长。这种融合被视为一种革命性力量，能够改变产业组织形态、产业结构及产业布局，对经济系统产生广泛影响。产业融合不仅通过技术渗透和产业链重组促进产业发展，还通过强化市场竞争协作、提供增值服务和降低成本来提升产业绩效，并通过改造传统产业和拓展新兴产业推动产业升级。此外，产业融合在收入增长、生产效率提高、就业拉动和价值链优化等方面也展现出多维的经济效应，为理论研究提供了丰富的实践依据和数据支持。

第三章 高职专业群育人模式的发展历程

高等职业教育中的专业是连接教育与社会的桥梁，既是校内外教学资源分配的枢纽，也是人才培养的基本组织单位。通过以专业群为单位统筹专业建设，是提升专业内涵、建设高水平专业的关键所在。为更好地应对我国高等职业技术学院在专业群建设中的政策导向问题，有必要对其发展历程进行纵向回顾。自2006年教育部首次提出“专业群”概念以来，我国高等职业技术学院的专业群建设经历了“试点”“普及”“优化”三个主要阶段，且各个阶段具有鲜明的阶段性特征。在全球视野下，不同国家在专业群建设上的路径也有所不同。例如，德国的职业教育体系以“职业群”为基础，美国则以“职业群”为导向，而我国的高职教育则更多地以“专业”为导向，在此基础上结合职业群的特征，形成了具有中国特色的专业群建设模式。从专业设置的基础、教学规范的构建和合作机制的参与三个层面来看，中德美三国的专业群设置路径虽各具特色，但也存在一定的共性。这些共性主要体现在如何通过专业群的整体统筹来提高教学质量、优化资源配置，并促进学校与社会的紧密衔接。我国的高等职业技术学院专业群建设政策的演进体现出，专业群不仅是实现高水平专业建设的关键，也是促进职业教育与市场需求接轨的重要途径。通过回顾各个阶段的政策发展，可以更清晰地理解当前我国高职教育专业群建设的现状及未来发展方向。

第一节　专业群建设的探索阶段（20世纪90年代—2006年）

一、初步理论建构，定位高职教育类型特色

2005年10月，国务院颁布了《关于大力发展职业教育的决定》（以下简称《决定》），明确提出在“十一五”期间启动全国示范性高职院校的创建工作，并计划以100所国家级示范性高职院校为核心，推动高等职业教育的改革与发展。2006年11月，教育部和财政部联合发布《关于实施国家示范性高等职业院校建设计划，加快高等职业教育改革与发展的意见》，强调要扶持100所国家级示范性高职院校，从培养学科带头人、建设教学骨干、打造实训高职院校财经商贸类专业群（车间）以及构建工学结合特色的课程体系等方面入手，力求建立500个以上以重点建设专业为龙头、相关专业为支撑的重点建设专业群，提高示范性高职院校服务经济社会发展的能力。截至2010年，全国已开展了三批共440个重点学科组的试点工作。因此，在全国示范职业技术学院的带动下，专业群建设逐渐成

为我国高等职业教育内涵发展的必然趋势。

这一阶段的政策取向主要体现在两个方面。第一，进一步明确了“以服务为宗旨、以就业为导向”的职业教育办学方针。《决定》指出，要坚持“以服务为宗旨、以就业为导向”的职业教育办学方针，积极推动高等职业教育向市场驱动和就业导向转变。2006 年 11 月，教育部发布了《关于全面提高高等职业教育教学质量的若干意见》（以下简称《意见》），明确强调要坚持“以就业为本，服务区域经济社会发展，推动专业改革和建设”。要根据市场需求的变化，对毕业生就业情况进行动态跟踪，优化调整专业结构，建立以重点专业为龙头、相关专业为支柱的专业群，从而为区域、行业、企业和乡村发展提供服务。同时，通过构建重点专业体系、制定专业教学标准以及建立专业认证体系，加强学生就业能力的培养。第二，采取“投入为中心”的方法，对高职院校的建设进行了系统研究。2007 年 6 月，教育部和财政部共同发布《国家示范性高等职业院校建设计划管理暂行办法》，明确了项目经费的重点投向：实验实训设施建设、课程建设、师资队伍建设以及共享型专业教学资源库建设，为高职院校建设指明了方向和具体内容。《意见》还提出，要大力培育和引进高质量的“双师型”专业带头人和骨干教师。在课程建设方面，已完成了 4000 余套精品专业核心课程、1500 余套特色教材及教学课件，每个重点专业带动 3 个或 3 个以上本领域相关专业的骨干课程。在此基础上，构建了一种面向社会、经济等多个行业的新型职业教育模式，建立了共享教育资源库，为高职教育的发展提供了有力支撑。

二、确立高职专业目录，推动专业结构调整

1993 年，原国家教委修订发布《普通中等专业学校专业目录》。此后，

教育主管部门对职业教育专业目录进行多次修订。近期，教育部发布了修订后的《职业教育专业简介》（以下简称《简介》），旨在回应行业转型升级的需求，展示高职院校在专业更新和数字化发展方面的最新成果。该《简介》涵盖了19个专业大类、97个专业，共计1349个专业目录，涵盖了358个中职专业、744个高职专科专业及247个高职高专专业。《简介》不仅是规范教学的重要参考资料，也反映了高职院校的基本办学情况和其办学特色。在此之前，高职和中职的专业目录主要依据的是2010年修订的中等专业目录和2015年修订的高职专业目录。随着2021年新修订版的颁布，教育部对“中职—高职专科—高职本科”三个层次进行了整体调整，新增、合并、更名或撤销的专业超过60%。教育部职业教育与成人教育司的负责人在新闻发布会上表示，这一修订是对专业目录的拓展，亟须通过新目录和《简介》的指导，系统、全面、权威地解释各专业的内涵。

统计显示，新修订的专业《目录》中新增了269个专业，其中包括28个中职专业、74个高职专科专业和167个高职本科专业。教育部相关负责人杨欣斌指出，新增专业的特点是与现代工业体系密切结合，并服务于国家战略需求。例如，智能机器人技术、生物信息技术、飞机数字装配技术等新专业主要面向战略性新兴产业。同时，还针对现代服务业的重点行业和紧缺岗位，开设了健康大数据管理与服务、养老照护与管理、婴幼儿托育、智慧健康养老管理等专业。此外，新增的专业与新兴行业和新职业密切相关，填补了人才短缺。例如，中职新增的智能化流水线操作与维护专业，可以与智能工厂对接；高职高专中新增的个性化旅游管理与服务专业则满足了个性化旅游行业的需求；在智慧交通方面，高职院校新增了“城市轨道交通智能运维”专业，满足了新型智慧交通领域的就业需求。新增专业也紧跟前沿科技发展，以适应产业升级与数字化转型的要求。杨欣斌提到，某些“卡脖子”领域的问题也有望通过新增专业来解决，例如IC技术专业的设立。此外，人工智能、5G、区块链等信息技术领域也推动了相关技术岗位的新增，如区块链应用技术、卫星通信与导航技术、云计算等专业的设立。

此次修订的《目录》分为四个部分：“专业方向例证”“重点对应职业分类”“衔接中职专业举例”“继续教育本科专业举例”。这次调整的目的在于使高职教育更好地服务于经济、社会的发展，以及促进人的全面发展。

《目录》在编排上以行业及其分类为基础，同时兼顾学科分类，将专业划分为专业大类、专业类别及具体专业三个层次，原则上要求专业大类与产业相一致，专业与行业相适应，专业与职业岗位群或技术领域相对接。为有效落实《目录》内容，教育部还发布了《普通高等学校高职高专教育专业设置管理办法》（试行）（以下简称《办法》）。公告中明确提出，从2016年起，高职（专科）的招生备案及审批工作将依照该《办法》和《目录》执行。在校学生则继续按原有专业完成学业，直至毕业。

第二节　专业群建设的试点阶段（2006—2010年）

一、颁布政策文件，明确建设内容

我国高等职业教育的发展一直备受关注。在国家政策的引领下，专业群建设经历了“试点”“普及”“优化”等多个阶段，并在不断的政策调整与实践探索中逐步完善。尤其是在2006年，教育部和财政部联合发布了《关于实施国家示范性高等职业院校建设计划，加快高等职业教育改革与发展的意见》，明确了专业群建设的核心内容，标志着我国高等职业院校专业群建设的试点阶段正式开始。此次政策文件的出台是我国首次在全国范围内提出“专业群”的概念，并对其建设内容作了详细规划。文件提出要在全国范围内建立约500个涵盖广泛行业、具备优越办学条件、产学结合紧密、人才培养质量较高的特色专业群。这一举措不仅为高职院校的发展指明了方向，也为全国范围内的高职院校树立了建设的标杆，进而推动高职教育从单一专业向多专业整合、专业群发展的方向迈进。

随着2006年国家示范性高等职业院校建设计划的实施，高职院校在教育改革和发展中逐步形成了专业群这一概念。这不仅促进了高职教育内涵式发展，还促使学校办学条件不断提升，教学质量得到明显提高。专业群建设通过合理规划和资源整合，使各专业在人才培养和产业需求对接上实现了有效联动，提高了整体办学水平，满足了不同区域和行业对高技能人才的需求。自此之后，“专业群”逐渐成为职业教育领域的重要关键词。多个政府文件，如《全国职业院校技能大赛三年规划（2013—2015年）》以及《关于深化职业教育教学改革全面提高人才培养质量的若干意见》等，都反复提及专业群的建设和发展。可以看出，专业群的概念在职业教育改革中逐渐形成共识，并被广泛应用于各类政策文件中。

“双高计划”的推出进一步推动了专业群建设进入新阶段，作为中国高职教育中的一项重要战略举措，“双高计划”旨在建设一批具有国际影响力的高水平高职院校和专业群，通过推动教育体制改革和提高教学质量，培养一批具有高素质的技术技能人才。该计划的出台不仅促进了专业群在不同领域的扩展，也使高职院校的办学水平得到全面提高。在此背景下，各高职院校的专业群建设已经进入了更为规范化、标准化的发展轨道，专业设置更贴近市场需求，人才培养质量也得到进一步提高。

2020年10月，教育部等九个部门联合发布了《职业教育提质培优行动计划（2020—2023年）》，进一步强调了高职院校专业群建设的重要性。文件提出，在全国范围内遴选300所高水平高职院校，建设600个高水平专业群，力求通过政策扶持和资源倾斜，推动专业群建设再上新台阶。这一行动计划是我国职业教育领域深化改革的又一重大举措，旨在通过专业群建设实现高职教育的整体提升，使其能够更好地服务于经济社会发展和产业转型升级。在这一背景下，高职院校的专业群建设取得了显著成效。通过合理规划与政策引导，各院校结合地方产业结构和经济发展需求，逐步形成了符合区域特色的专业群体系。这些专业群体系不仅涵盖了传统行业中的重点领域，还针对新兴产业、战略性新兴产业和现代服务业的需求，开设了大量符合行业发展方向的新兴专业。通过专业群建设，院校与企业的合作得到进一步深化，产教融合模式得到了更广泛的应用，学校的教学资源得到了更加合理的配置。此外，随着信息技术和数字化产业的发展，许多高职院校在专业群建设中积极引入了现代科技手段。例如，智能制造、人工智能、区块链等新技术的引入不仅改变了传统专业的教学模式，还为培养高素质的技术技能人才提供了更多的实践机会。这些新技术、新方法的运用，为学生提供了与行业前沿技术接轨的机会，提高了他们的职业竞争力。

未来，随着国家对高职教育的进一步重视和政策的不断优化，高职院校的专业群建设将继续深化。各院校需要结合自身的办学特色和地方经济的发展需求，进一步优化专业设置，提高办学质量。同时，学校还需要与企业密切合作，积极推进产教融合、校企合作，为学生提供更多的实习实践机会，从而使他们能够更好地适应行业需求，提高就业竞争力。

二、建设高职示范校，发挥模范带头作用

随着我国高职教育改革逐渐步入内涵升级的重要时期，对高职教育的精细化管理成为一种新的趋势，高质量高职院校的建设也被提上了日程。对示范性职业技术学院的建设进行深入的反思，有助于为高水平职业技术学院的发展指明方向。其核心架构应围绕工程建设的初衷，构建以业绩评价为基础的资金分配机制；完善工程验收规范，制定科学的评价指标体系，突出软件建设的重要性。同时，要明确人才培养目标，落实“以人为本”的教育理念；构建多元化的管理架构，以教师队伍为核心，建立科学的管理模式；加强高校间的深度合作，构建以集团为基础的校企合作网络，为高质量职业教育的建设提供有力保障。在我国建立现代职业教育制度的过程中，高职教育由粗放型向集约型转变，成为新一轮高职教育改革的主旋律。目前，高职教育正处于内涵升级的关键时期，其显著特点是对教育质量和精致化发展的不断追求。在这样的背景下，国家适时出台了“高水平职业教育”工程。这一工程的出台，不仅是对高职教育发展的政策推动，更是高职教育内涵式发展的必然选择。建设高质量的高职院校，旨在集聚高质量的职业教育资源，激发高职学校的办学活力，提高学校的办学效率，从而增强职业教育的吸引力。在高职教育内涵发展的重要阶段，认真总结示范高职院校的建设经验和教训，对于更好地把握高质量高职院校的发展方向具有重要意义。高职教育要实现从“示范”走向“高质量”，必须走内涵发展的道路。长期以来，人才吸引力不足一直是困扰高职院校改革与发展的突出问题。20 世纪后半叶，随着高等教育大众化的推

进，我国高等职业教育规模迅速扩大，占据了高教的“半壁江山”。虽然高等职业学校规模的扩大让更多学生获得了接受高等教育的机会，但其弱势地位并未得到根本改善，职业教育的吸引力也未显著提高。从质量上看，高职院校与普通高校之间仍存在巨大差距。为改变高职教育吸引力不足的现状，改革从早期的“规制性”逐渐转向“内涵式”。2006 年，教育部和财政部在全国范围内启动了“全国示范性高职教育项目”；2010 年，为进一步深化这一工程，在原有 100 所“全国示范性高职”的基础上，又增设了 100 所骨干高职院校。在项目实施过程中，示范性职业技术学院的教学水平显著提升，起到了很好的示范和模范带头作用。然而，当前示范高职院校建设中也暴露出一系列问题，其实践效果与预期目标之间仍有较大差距，对提升高职教育的吸引力还存在诸多不足。为进一步深化高职教育的内涵发展，切实增强其吸引力，建设高质量高职院校逐渐被提上日程。2015 年，教育部印发了《高等职业教育创新发展行动计划（2015—2018 年）》，提出要“以示范带动发展，引导地方打造一批具有鲜明办学定位、特色突出、服务社会、综合办学水平领先、与地方经济社会发展契合度高、行业优势明显的优质高等职业院校”。随即，教育部又发布文件，明确到 2018 年将支持各地创建 200 所高水平高职高专院校。同时，北京、天津、浙江等 30 个省市也计划在未来三年内投资 63. 65 亿元，建设 313 所高质量职业院校。高质量职业院校的建设目标是打造“具有国际领先水平的一流职业学校”。这一愿景的实现，将以国家级示范院校为基础，注重整体规模化发展，并在此基础上进一步深化局部的强项。通过努力巩固和转化示范性建设成果，推动高职教育的持续创新和发展，从而全面提升高职院校的内涵发展和办学质量。为了使更多地区受益，让更多人享受到优质的高职教育资源，教育部适时推出高质量高职院校建设计划，这是一项明智的决策。

为了解决传统管理模式的不足，高质量高职院校应致力于构建多元化的治理体系，确立以名师团队为核心的治理模式，以便更好地发挥协同治理的功能。“治理”不同于“管理”的概念，治理是通过制度和规范调节各利益主体之间的关系，使得决策过程更加科学化、民主化。治理理论强调的是多元权力中心和多个主体共同参与，它们之间的竞争与合作是维护社会秩序和推动社会进步的主要动力。在高等职业技术院校中，理想的多元化治理模式不仅需要中高层管理者的参与，还应包含一线教师的力量。在过去示范性职业技术院校的建设中，最大的问题在于没有充分调动一线教师的自主性，没有让他们在学校管理中发挥主导作用。在高质量高职院校的建设中，如果一线教师仍不能获得更大的自主权，势必会影响他们参与项目的积极性和主动性。然而，一线教师的自主权也不能完全不受限制，必须有一定的边界。为了避免个别教师意见分歧造成的低效率局面，应建立以名师团队为核心的管理模式，这有助于形成“民主的集中”，确保一线教师的意见既能得到充分表达，又能在科学有效的框架下进行整合。此外，组建高水平的师资队伍还可以发挥“传帮带”的作用，从而促进新教师的专业成长，进一步提升职业教育和科研的整体水平。示范职业技术院校的创建过程中，常常出现“回响”而非“扩散”的现象，其原因在于示范院校的建设成果仅停留在“示范”层次，没有在后期真正发挥示范的辐射作用。示范高职院校的“辐射”作用更多体现在其他院校的“观摩”和“照搬”上，但由于各院校资源禀赋和内部环境的差异，表面上的协作难以对非示范院校产生实质性的推动作用。

在“高水平职业教育”工程的实施背景下，如何妥善处理“效率”与“公平”的关系成为关键。加强高校之间的深度合作，依托“集团”模式，加速构建“校企合作”网络至关重要。目前，我国的高职院校发展仍然不平衡，因此，促进优质高职院校与其他非优质院校的协作，有助于实现优质职业教育资源的共享，推动区域内“优质均衡”的目标，并逐步缩小各类院校之间的发展差距。这一合作群体既可以包括国家重点职业技术学院、示范性职业技术学院，也可以涵盖普通职业技术学院，以及相关行业和企业。根据奥尔森的集体行为理论，当企业规模较小时，只有少数优秀人才才能实现共同目标；而当企业规模扩大时，建立完善的治理架构变得尤为必要，以保证通过“选择性奖励”激励贡献者，并惩戒“搭便车”的行为，从而达到集体目标。从制度经济学的角度来看，当组织成员数量急剧增长时，集体行动困境将不可避免。高等职业教育集团作为一个异质性较强的组织，同样面临着群体行为困境这一挑战。要实现高职院校的高质量发展，关键在于充分发挥其辐射和引领作用，建立协同共赢的内部和外部治理架构，并构建有效的决策、实施和激励机制。这不仅有助于促进优质资源的共享，还能推动职业教育在更大范围内的全面提升。

第三节　专业群建设的普及阶段（2010—2014 年）

一、以提升产业服务能力为专业群建设行动导向

在我国高等职业教育发展历程中，2010 年至 2014 年成为专业群建设

的普及阶段。这一时期的专业群建设紧密围绕提高产业服务能力展开，旨在通过优化专业设置和提高办学质量，增强高职院校服务地方经济与产业发展的能力。2010 年 7 月，教育部和财政部关于进一步推进“国家示范性高等职业院校建设计划”实施工作的通知明确提出，新增 100 所左右的骨干高职院校，同时积极推动省级示范性高等职业院校建设计划。这一举措旨在形成以国家示范性高职院校为引领、国家骨干高职院校为带动、省级重点建设高职院校为支撑的发展格局，以此进一步提升高职教育服务产业的能力和水平。2011 年 9 月，教育部和财政部发出通知，明确了在我国自主设立的公办高职院校中扶持 1000 所以上高职院校，增强其为我国经济发展模式转型和构建现代产业体系的能力。这一政策的实施，推动了我国高职院校加快专业群建设，形成“以核心专业为核心，辐射周边各专业”的建设模式，使得这一模式在全国范围内得到了广泛推广和应用。通过 3 年多的努力，2012 年 6 月，经审查和确认，我国已有 969 所高职院校被列入国家示范（骨干）职业学校重点建设、高等职业教育专业教学资源库牵头建设的专业及由中央财政资助的职业教育实训高职院校财经商贸类专业群建设的专业。这表明我国高职院校的专业群建设在普及阶段取得了显著成效，初步形成了覆盖全国的高职教育网络。

这一阶段的政策取向明确反映出以提高服务业竞争力为目标的高等职业教育专业群逐步确立。2011 年 9 月，教育部颁布了《关于推进高等职业教育改革创新引领职业教育科学发展的若干意见》，明确要求高职院校肩负起为经济发展模式转型、构建现代产业体系、提高职业教育服务社会经济发展能力的时代重任。在这一指导思想下，高职院校的专业群建设充分利用地方和行业特色对专业设置工作的指导和调节作用，根据国家产业发展的需求，对专业的结构与布局进行优化。具体来说，是根据地方产业发展对人才的需求，确定人才培养目标，制定课程标准，设计教学内容，创新教学形式，促进各高校在人才培养模式改革中的各个环节。通过这些措施，高职院校能够更好地适应产业和社会发展的需要，为地方经济发展提供支持，从而培养出更多高素质的技能型人才。除服务业外，提升高职院校为工业服务的能力同样是这一阶段的重要任务。2010 年，教育部和财政部关于进一步推进“国家示范性高等职业院校建设计划”实施工作的通知中明确指出，要根据地区产业结构优化调整专业结构，参照职业岗位任职条件制订培养方案，引入行业企业技术规范制定专业课程，吸纳行业企业参与人才培养和评估，合作建设实习实训高职院校财经商贸类专业群。这些规定旨在通过校企合作的方式，使高职院校的专业设置更加符合产业需求，培养出更加符合市场需要的技能型人才。

同时，教育部还颁布了《中央财政支持高等职业学校提升专业服务能力基本要求》，提出以服务为本、重点突破和整体带动为主、学校为主体、多方参与、区域特色与产业统筹为指导，推进校企对接，探索系统培养，强化实践育人，转变培养模式，建设教学团队，实行第三方评估，全面提高专业发展的整体水平。把产业支撑型、人才紧缺型、特色引领型、国际合作型等技能型人才的培养作为支撑高职院校提高专业服务能力的关键措施，进一步增强了高职院校为产业服务的能力。这一期间，提升专业群建设的实际效果显而易见。通过实施多项政策措施，高职院校的办学条件得到了明显改善，教学水平得到了显著提高，师资队伍建设也取得了长足进展。不仅如此，通过校企合作、产教融合，许多高职院校还建成了一批高水平的实习实训高职院校财经商贸类专业群，为学生提供了良好的实践机会，也提升了他们的职业技能和就业竞争力。作为专业群建设普及阶段的成果，许多高职院校已能够根据地方经济发展需求，通过优化专业设置，调整专业结构，培养出大批适应产业需求的高素质技能型人才。这不仅有力地支持了地方经济的发展，也为高职教育的进一步改革和发展奠定了坚实的基础。由此可以预见，在未来的高职教育发展中，专业群建设仍将是一个重要方向。通过持续优化专业设置，深化校企合作，强化实践教学，提高师资队伍水平，高职院校将能够更好适应产业和社会发展的需要，为我国经济社会发展提供更加坚实的人才支撑和智力保障。

二、建立专业群模式下校企合作长效运行机制

校企合作办学是高校与企业依据市场经济发展的需求，依托各自优势，共同制订人才培养计划，利用双方资源提高劳动者素质，从而为地方经济建设和社会发展提供人才支持。习近平总书记在党的十九大报告中指出，要健全职业教育与培训体系，深化产教融合，推动校企合作。这一要求为高职院校的校企合作指明了方向。《国家职业教育改革实施方案》进一步强调，要通过加强产教融合，推动职业教育与社会需求对接，建立多元化的办学模式，探索符合现代产业发展需求的人才培养新路径。高职院校必须深入落实“育训结合”的方针，通过“长短结合”“内外结合”的方式，在为学生提供职业教育的同时，还要面向社会，开展广泛的职业培训，从而不断提高劳动力整体素质。高职院校在专业设置与技术技能人才培养上，必须紧密结合产业需求，深化校企合作，以确保所培养的人才能够迅速适应企业的岗位要求和市场环境。通过产教融合的模式，高职院校能够培养出具有较高职业素养和技术技能的人才，既能够满足企业的用人需求，也能促进学校教学质量的提高。例如，福建省在高等职业教育考试改革的推动下，已经实现了职业教育体系内的顺畅衔接，超过九成的中等职业学校毕业生选择继续深造。这一现象反映了中职教育在高等职业教育

体系中的重要地位，同时说明了职业教育能够为学生提供更多选择和发展空间。中等职业教育作为职业教育的重要组成部分，其地位和作用受到越来越多的关注。然而，当前许多企业并未实现与中职院校的紧密合作，在技术技能型人才的需求与供给之间仍存在较大差距。

“校热企冷”的现象在许多中职院校中较为普遍，企业对中职教育的合作态度相对消极，导致校企合作往往流于形式。部分企业由于担心存在安全隐患，拒绝接受学生的实习实训请求，因而造成了高职院校产教融合和校企合作的实践环节无法顺利展开。在这种情况下，校企合作的长效机制亟待建立，以确保职业教育能够有效服务产业需求，推动经济社会发展。为解决这一问题，各地政府应发挥主导作用，建立职业教育集团，推动中等职业教育与高职院校及企业之间的深度合作。这种合作模式通过“3+2”等联合培养计划，深化了产教融合，为学生提供了更加系统、连续的职业教育途径。职业教育集团每年召开分专业群的董事会，企业介绍人才需求和技术发展的最新动态，高职院校则根据这些信息调整课程设置和实训体系，以保证培养的人才能够适应企业的岗位需求。这样的合作机制，不仅有助于提升学生的实操能力，还能够确保企业能够招聘到符合要求的技术人才。宜昌市作为产教融合的典型案例城市，组建了三峡职业教育集团，涵盖了全市多所职业学校、100 余家企事业单位，由市教育局牵头，每年定期召开会议，总结校企合作的成果，并对未来的合作进行部署。这种政府主导、多方参与的模式为职业教育的长效合作机制提供了可参考的范本，有效地促进了地方经济发展和职业教育质量的提升。

高职院校应积极聘请具有行业背景、丰富工作经验和较强表达能力的企业人员担任专业教师，以补充学校师资队伍在实际操作经验上的不足。这不仅有助于产教融合模式的顺利实施，还能通过引入企业的实际工作经验，提高教学的实践性和应用性。高职院校还应通过组建“名师工作室”，聘请行业内具有较强实际操作能力和影响力的技能大师，带领学校教师进行专业培训。这种“传帮带”的模式不仅有助于提升教师的专业水平，还能够为学生提供更高质量的技能培训。与此同时，教师应定期到企业进行实习实践，以提高自身的职业素质和实践能力，真正实现“双师型”教师的培养目标。

校企合作的深化不仅依赖于人才的交流，也依赖于科技的合作与创新。高职院校可以依托优势专业（群），与企业共建技术协作中心，围绕企业创新需求，展开科研合作。科研合作不仅可以推动高职院校教学科研水平的提升，还能为地方经济发展提供技术支持和智力保障。例如，湖北三峡技师学院与宜都市仝鑫精密锻造有限公司的科研合作，双方通过三年的科研攻关，取得了多个省市级科技进步奖，新产品为企业创造了上千万元的经济效益，同时推动了学校科研工作的进步。

高职院校应建立完善的科研成果转化机制，将学校的科研成果应用于企业生产实际，促进科研与产业的无缝对接。这不仅能够提高企业的技术水平，增强企业的市场竞争力，还能够为学校的科研人员提供更多的实践机会和应用场景，进一步推动校企合作的深化发展。校企合作的长效机制建设是一项系统工程，需要多方的共同努力。政府应在政策层面提供支持，企业应积极参与，高职院校则应加强自身建设，不断提高办学质量和服务能力。通过建立和完善校企合作的各项机制，职业教育才能够真正发挥其服务社会、服务产业的功能，为我国经济社会的发展提供更加坚实的人才基础和智力支持。

产教融合与校企合作的深化不仅是高职院校发展的必然要求，也是推动我国经济转型升级、构建现代产业体系的重要途径。在这一过程中，校企双方应充分发挥各自的优势，通过合作实现共赢。高职院校通过与企业的合作，不仅可以提高自身的办学质量，还能够更好地服务地方经济发展；而企业通过与学校的合作，也能够获得更加符合市场需求的技能型人才，进而进一步提升企业的核心竞争力。通过不断深化产教融合，校企合作的长效运行机制必将更加完善，高职教育的质量也将得到进一步提升。

第四节　专业群建设的优化阶段（2014 年至今）

一、完善高职院校专业设置的动态调整机制

自 2014 年以来，随着国家对高等职业教育的重视和改革深化，专业群建设进入了优化阶段。高职院校作为服务地方经济和产业发展的重要组成部分，专业设置的动态调整机制逐渐成为其核心议题。高职院校的专业设置必须符合区域经济发展需求，顺应产业链和创新链的变化，进而推动学校的专业布局更加科学合理，进一步促进校企合作、产教融合的深入发展。《中央财政支持高等职业学校提升专业服务能力基本要求》为高职院校专业设置的优化提供了方向和原则。按照“服务与发展”“重点突破与整体带动”“学校主体与多方参与”“区域特色与产业统筹”的基本要求，高职院校需要加强与企业的对接，探索适应市场需求的人才培养模式。同时，通过强化实践教学、推动教学团队建设和引入第三方评估机制，全面

提高高职院校的专业发展水平。高职院校的专业设置不仅要满足产业发展的需求，还要关注国家发展战略，特别是在产业支撑型、人才紧缺型、特色引领型和国际合作型等领域，培养出具有创新精神和实践能力的技能型人才。在规划和实施过程中，高职院校需要依据招生计划完成率、报到率、就业率、生均经费投入以及学校评估结果等多方面数据，进行专业布局的动态调整。这一调整机制的建立，有助于高职院校灵活应对市场和产业的变化，确保专业设置能够保持前瞻性和适应性。专业的调整并不仅是数量上的增减，还应包括对教学内容、课程设计和实践教学环节的优化，以确保人才培养质量的持续提升。

2015 年，教育部发布了《关于深化职业教育教学改革全面提高人才培养质量的若干意见》，进一步明确了高职院校专业设置的导向。高职院校应当面向市场，结合行业和职业的具体需求，科学合理地设置专业，优化服务业和制造业等领域的专业布局。围绕区域经济带、产业带和产业集群，高职院校应构建特色鲜明、效益显著的专业集群，以应对现代农业、先进制造业、现代服务业和战略性新兴产业的发展需求。这一政策导向的核心在于推动专业设置与产业链和创新链的紧密结合。高职院校不仅要满足当前的市场需求，还要具备一定的前瞻性，能够针对未来产业的发展趋势，提前布局相关专业。比如，制造业作为国家重点发展的领域，要求高职院校加快推动制造业相关专业的调整，构建符合制造业发展需求的专业动态调整机制。这种机制不仅要体现在专业的设置和调整上，还应着眼于提升专业的服务能力和技术创新能力，并以此推动传统专业的转型升级，为传统行业提供高附加值的服务。在《制造业人才发展规划指南》发布后，高职院校的专业布局更加注重与制造业重点产业的对接，推动校企深度合作，打造一批具有支撑作用的专业集群。这不仅为制造业提供了急需的人才支持，也为高职院校的专业群建设提供了范例。通过不断优化专业设置，推动传统专业的改造和提升，高职院校逐渐成为服务地方产业发展的重要力量。

为了确保专业群建设的质量和效果，2015 年 6 月，教育部发布了《关于建立职业院校教学工作诊断与改进制度的通知》。这一通知要求各高职院校建立起完善的教学工作诊断与改进体系，持续健全内部质量保障体系和运行机制。通过专业诊断性改革，推动高职院校的专业设置更加科学合理，确保其能够与市场需求和产业发展保持一致。专业群建设的核心在于动态调整机制，学校必须定期进行自我诊断，及时发现专业设置中存在的问题，并通过改进措施加以解决。《高等职业院校内部质量保证体系诊断与改进指导方案（试行）》为高职院校构建了一套完善的内部质量保障体系，并提出要根据市场需求和行业变化进行专业的动态调整。学校需要建立常态化的专业诊断机制，通过不断地进行自我反思和改进，确保专业设置能够持续优化。尤其是在课程质量保障和教学内容设计方面，学校应当根据行业最新的发展趋势进行调整，确保学生所学内容与企业实际需求相符合，推动人才培养模式的持续创新。

在高职院校的专业群建设中，产教融合始终是关键。自 2014 年以来，随着国家教育政策的深化，许多高职院校逐渐将工学结合、校企合作作为核心发展方向。通过与地方企业的深度合作，高职院校不仅提高了自身的办学水平，还为地方经济发展和产业结构调整提供了重要支持。区域产业的发展离不开高质量的职业教育，而高职院校通过不断提高自身专业服务能力，可以更好地服务于区域经济和产业转型升级。2017 年发布的《国家教育事业发展“十三五”规划》明确提出，要进一步优化高职院校的布局，促进各院校根据区域经济和产业特点进行特色化发展。每所高职院校都应专注于自身的优势专业和特色专业（群），以服务区域经济为己任。通过学科和专业结构的调整，打造一批服务现代产业的新兴学科和复合型专业群。

在推动高职院校专业群建设过程中，“产学研结合”的办学模式逐渐成为主流。高职院校通过与企业合作，建立科研协作平台，共同开展科技攻关和技术创新，进一步推动科研成果的转化应用。许多高职院校通过“产学研”协同发展，不仅提高了自身的科研能力，还推动了地方产业的技术创新。例如，湖北三峡技师学院与当地企业共同开展的科研项目，取得了显著的经济和社会效益，不仅为企业创造了可观的经济收入，也为学校的科研水平提高提供了助力。《教育现代化推进工程实施方案》明确要求高职院校加强实训高职院校财经商贸类专业群建设，推动校企合作的进一步深化。通过产教融合的模式，高职院校不仅能够为学生提供更好的实践平台，还可以通过与企业的合作，提高人才培养的针对性和实用性。高职院校在产学研结合的过程中，逐步形成了以服务区域产业发展为核心的专业群，推动了职业教育的全面提高。

当前，高职院校的专业群建设已进入优化阶段，学校需要在专业设置、教学改革和产教融合等方面进行更加深入的探索和实践。通过动态调整机制的建立，专业设置能够更加贴近市场需求和产业发展，校企合作也将更加深入和广泛，并为推动高职教育为区域经济和社会发展作出更大贡献。

二、推进专业群模式下产教融合深度发展

2014 年，国务院《关于加快发展现代职业教育的决定》明确提出，要加强校企合作，突出高职院校的特色，进一步深化产教融合。高职院校要

通过工学结合，切实加强“教学”与“实习”两个重要环节的联动，为培养高质量的专业技术人才提供有力支持。这一政策指向表明，高职院校不仅要关注课堂教学质量的提升，更要积极探索与企业合作的有效途径，使学生能够在真实的生产和服务环境中提高实际操作能力，从而满足产业和社会对高技能人才的需求。2017 年，国务院办公厅发布了《关于深化产教融合的若干意见》，再次强调了“产教融合”的重要性。文件中指出，高职教育必须将教育链、人才链与产业链、创新链有机结合，这对于提高职业教育质量、促进学生就业创业、助推经济转型升级具有重要意义。通过“产教融合”，不仅能为企业提供急需的技术技能型人才，也能为地方经济的转型升级提供智力支持和技术保障。在此背景下，高职院校应当深化与企业的合作，共同开展技术攻关，共同推动科技创新与应用。

产教融合和校企合作作为高职教育改革和发展的核心模式，体现了职业教育服务社会经济发展的内在逻辑。通过政府、学校、企业以及科研机构的多方合作，资源得以有效整合和优化，形成了资源共享、优势互补的良性机制。在此过程中，学生的实践操作能力得到了显著提高，尤其是在与企业共同开发的教学项目中，学生可以获得更丰富的实践经验，进一步提升了他们的职业素养和就业竞争力。产教融合的创新模式不仅体现在教学环节的深度融合上，还体现在校企双方合作模式的多样化发展。近年来，“产学研结合”的模式逐步发展，校企合作的广度和深度得到不断拓展，企业与学校在科技攻关、新技术研发以及新工艺的推广应用等方面实现了深入合作。对于企业而言，通过与高职院校的合作，可以提高自主创新能力，推动企业技术进步和产品升级；对于学校而言，产教融合为师生提供了参与企业实践的机会，有助于提升院校的教学质量和科研水平。湖北三峡职业技术学院在推进产教融合方面取得了显著成绩，尤其是在乡村医生培养、机电一体化第三方鉴定、动物医学宠物医院建设、校内恒信汽修实训高职院校财经商贸类专业群以及现代物流云创平台等多个项目上都进行了深入的教学改革。这些项目不仅在教学实践中取得了良好的效果，还推动了地方经济发展，成为高职院校与地方企业合作的成功范例。通过这些改革实践，三峡职业技术学院不断创新产教融合的创新模式，注重将理论教学与实际操作紧密结合，探索出了具有自身特色的校企合作路径。这些实践表明，只有通过深入的产教融合，高职院校才能真正实现“以服务为宗旨，以就业为导向”的办学目标，培养出符合市场需求的高素质技术技能人才。同时，企业通过与学校的合作，能够有效提高生产技术水平，增强市场竞争力，进而形成互利共赢的良好局面。

第四章　“两业融合”对高职财经商贸类专业群建设的影响

第一节　“双高计划”背景下对高职院校人才培养目标的要求

2019 年，教育部、财政部印发《关于实施中国特色高水平高职学校和专业建设计划的意见》，强调“在全面提高质量基础上，重点培养行业急需的高素质技术熟练人才”。同年，《国家职业教育改革实施方案》明确提出“促进高等职业教育高质量发展”“提高高水平应用人才培养”，要求“高职院校培养为区域发展服务的高素质技术熟练人才”。由此可以看出，“双高计划”推出后，高等职业院校明确技术和技术人员培训目标，明确学院功能服务地区的经济发展，使高等职业教育发展达到高质量。目前，具有中国特色高等职业教育体系具有较高标准和专业重点的特点，反映较高学术水平和专业培训的有机统一。在高等职业教育领域，专业重点强调"技术技能"，而教育举措更多地体现在"高质量"方面。这种有机结合促进高等职业教育的内涵和健康发展，确保院校不仅能够有效满足且能够超越区域发展需求和产业需求。

一、人才培养目标的高素质要求

长期以来，在高职院校，技术技能培养主要依靠专业技能培训和学校就业指导，是一种简单劳动培训方法，通常忽视学生个人的内在价值。如果重点仅是满足即时专业需求，而不考虑个人的抱负。基于这一理解，"高"质量人才培训在高职院校主要反映在职业学生培养强大的专业精神，这主要体现在以下维度：积极工作态度，协作精神在团队设置，能够有效地利用自己想法和创造力在解决问题的情况下，学生群体应优先考虑和体现强烈职业道德和意识，是其职业身份的关键组成部分，从高职院校人才培养的核心目标出发，在高素质要求下，注重对学生心理健康教育至关重要。这一举措将帮助学生提高心理素质，同时为成功就业途径奠定坚实的基础，通过运用各种教学方法和策略，学生学习如何使用科学方法有效地解决问题，学校应积极帮助学生建立正确的职业观点，并帮助他们培养职业道德。

二、人才培养目标的技术技能要求

在高职院校职能定位基础上，高校毕业生应具备为区域经济发展服务，为当地社区作出积极贡献的能力。这一目标主要体现在高职院校培养能够有效满足就业市场需求人才，履行当前岗位职责的必要性上，工人必须能够驾驭现实世界工作环境，并利用技术技能有效地解决实际问题，高职院校培养人才必须具有较强的实践能力，同时以坚实专业理论知识为基础，使其能够利用自己在学术环境和现实经验中所学到的东西来应对实际的挑战。

如果高职院校渴望实现这一关键目标，应集中在其人才培训项目中技术技能教育的内容上，每个高等职业机构都应调整其培训，以纳入反映行业现实情况的具体要求。在新时代，鼓励高职院校坚持“双高中规划”，提出与高职院校整体发展战略相呼应的创新建设规划，对于促进职业教育与通识教育并行和谐发展，确保全面教育体验至关重要，高职院校必须加强学生学习经验与实际应用之间的关系。通过加强学校和企业之间的合作来逐步实现，以促进实践学习机会、实习和现实世界的项目参与。

第二节 技术技能人才培养质量满足利益相关者的需求

一、满足学生个体职业发展的需求

高等职业教育历来受到学生素质相对较低和院校本身发展有限的影响，长期以来，公众对于高等职业教育的关注程度相对较低。高职院校学生通常在大学入学考试中得分较低，通常被认为处于不利地位，导致社会认为这些同学学习能力、认知能力，甚至整体能力都相对较弱。高等职业教育和本科教育之间存在着显著的差距，高职学生会与个人信心低下和职业抱负不明确等问题作思想斗争。

中国特色教育强调人类优先发展的重要性，主张教育应服务于个人的利益和成长。在“双高计划”背景下，高职院校面临着确保人才培养努力有效适应学生需求的挑战，随着政府对职业教育支持和社会对提高职业教育的期望，高职院校应努力实施“双重计划”。进而更好地培养出社会所需要的合格人才，并逐渐赢得公众信任，只有通过这个过程，学生才能开始将高职院校视为可行的、理想的教育选择。

二、满足高职院校自身生存和发展的需求

我国高等职业教育正在不断地进行改革和发展，但仍存在发展不平衡、教育投资不足、院校之间经营条件差异等挑战。在这一竞争格局中未能抓住发展机会的机构，有被市场力量推翻或淘汰的风险，一些高职院校正在向地方本科院校转变，此转变的成功在很大程度上依赖于人才培训的质量，随着高等职业教育进入新发展阶段，保持坚定地重视提高培训质量至关重要，各机构必须根据当地经济发展需要，改革其教育和教学机制，以及其教学和管理方法。这一承诺将有助于培养一种针对地方的特点高等职业教育的高质量发展模式，高职院校必须采取整体和全球性的视角，应积极向外观察，参与国际职业教育体系，进行积极的沟通和协作。通过吸收国外职业教育实践中优势因素，更好地适应职业教育的发展，这一战略将使其能够逐渐适应全球趋势，从而提高其在国际舞台上的发展和竞争力，通过共同努力，高职院校才能在日益互联的世界中蓬勃发展，同时不断提高其人才培训项目的质量。

三、满足区域经济社会发展的需求

企业生存和发展从根本上与其盈利能力有关，企业正常经营的基本前

提是合理利用劳动力、技术、资本等生产要素，为市场提供必要的服务和产品，从而满足公众的各种需求。在此关键因素中，劳动力培训主要发生在高职院校，它在社会服务中发挥着至关重要的作用，其所培养人才必须有效地向社会过渡，并为社会作出有意义的贡献。一些高职院校面临人才培养的挑战。不符合社会和企业需要的毕业生会阻碍社会和经济的进步，解决这个问题正是“双重计划”的目标。

在“双高计划”背景下，高职院校应集中精力解决区域经济和社会发展短缺问题，需进一步加强工业和教育深度融合，重点培养区域经济增长所需的技术和技术人员。高职院校通过提高技术人才素质，有效满足区域经济和社会发展的需求，与当地工业和企业建立更密切的伙伴关系。

第三节　“两业融合”视角下高职财经商贸类专业群建设的壁垒

一、在明确科研创新能力建设方向时面临的挑战

产业教育一体化机制显著影响高职院校科研和创新能力建设方向的明确，在产业教育一体化框架内，企业通常主导高职院校科研创新的内容选择。由于许多企业优先考虑资本驱动产生利润，通常专注于实现短期结果和直接经济收益，其结果在很大程度上取决于市场需求，而不是长期学术

目标或创新的探索。高职院校对短期经济效益的强调意味着，教师优先考虑那些产生快速成果的项目，而不是在此领域取得更重大进展的项目。如果没有长远愿景，高职院校很难构建稳定的方向来培养科学研究和创新能力。

二、在强化科研创新能力建设激励时面临的挑战

在产业教育一体化机制下，企业自然地为高职院校教师提供科研创新激励，对高等职业教育中构建科研和创新能力的有效性具有重要影响，在这一综合机制中，高职院校教师主要依靠企业提供的薪酬奖励来进行研究。企业薪酬强度与科研创新的市场估值直接相关，教师越发关注研究工作与合作企业的直接经济利益，潜在地将其创新可量化商业价值置于其他关键的教育目标之上。这一趋势导致其忽视职业教育的基本方面，如教学方法的概念创新和课程开发，结合现代融资教学模式或新兴教学方法创新被忽视，而有利于承诺立即获得经济回报项目，对企业补偿的高度强调无意中扼杀教育工作者的创造力和批判性思维。为成功地应对此挑战，必须建立一种更平衡激励结构，鼓励教育工作者从事与市场需求和更广泛职业教育目标相一致的研究。包括创建支持系统，以认可和奖励创新教学实践，教学方面进步，以及在制订传统研究计划的同时开发新的培训方法，促进涉及更广泛利益相关者——包括教育领导人、政策制定者和行业合作伙伴——帮助创建更全面的研究和创新方法。通过强调多样化和包容性研究议程的重要性，高等职业教育机构加强教育创新在提高职业培训质量和相关性方面的关键作用。

三、在加大科研创新能力建设投入时面临的挑战

在产业与教育一体化机制下，企业自然为高职院校建设科研和创新能力提供人力、物力和财政资源，如果高职院校教师缺乏必要的实践技能和岗位能力，尽管拥有强大的资源保障体系，但提高科研和创新能力仍然具有挑战性，许多教师通常没有企业内部的工作经验，对现实世界行业挑战和创新驱动因素的理解认识不清楚。从纯粹学术环境的过渡——通常以“学校到学校”的职业轨迹为特征——导致教育者中某些根深蒂固思维和行为偏好的发展。过分强调学术界传统的成就，比如在同行评审期刊上发表的文章，提交专利申请的数量，以及在其科学研究工作中优先考虑理论而非实际应用，此“重思维和轻实践”倾向限制教育者参与行业的能力，因为创新思维和行为与企业科学研究和创新角色的动态和实际需求并不一致。

行业环境中创新思维通常需要强调快速原型、跨学科协作和对市场需求的响应，此属性在学术框架内运作教育者中没有充分发展，如果教师仍然局限在传统学术实践和理论研究的“舒适区”内，很难形成科学研究和创新能力。为有效地应对此类挑战，各机构需要实施全面专业发展战略，鼓励教师获得实际经验和相关能力，包括教育工作者有机会与行业合作伙伴在现实项目上进行合作，以缩小学术研究和实际应用之间的差距，促进指导项目。

四、在催生科研创新能力建设意识时面临的挑战

产业与教育一体化机制确实有助于实现高职院校教师的科研意识和创新能力建设，但在促进其科研创新能力发展时，仍面临着重大挑战，首

先，参与企业科研创新活动的高职院校教师不仅获得金钱补偿，还在协作团队中获得社会认可和尊重。此双重好处产生一种社会身份错觉，削弱教育者最初的使命。

通过创造一种重视好奇心、创造力和对职业教育长期贡献的文化，教育者更倾向于真正地投资于建立科学研究和创新能力，各机构努力为大学—企业合作制定明确指导方针和框架，强调此伙伴关系的相互利益，特别是在提高教育成果方面。通过在更广泛的职业教育背景下阐明科学研究和创新的重要性，教师更有动力超越单纯经济利益。

五、在保障科研创新能力建设质量时面临的挑战

在产业教育一体化机制下，高职院校和企业是质量评价的关键课题，在这一评价框架中应当纳入哪些其他社会主体的问题仍有待全面考虑。例如，行业专家、校友、政府代表，甚至学生等利益相关者是否应参与评估过程？每个小组都有观点，这有助于更全面地理解科学研究和创新能力质量。评价指标主要面向课程建设，在教师努力以更具创造性和影响力方式发展其科研和创新能力时，通常限制和忽视教师的多样性需求，对容易量化指标的单一关注，扼杀了高等职业教育的创新。教师对此感到有压力，要优先考虑出版，而不是参与有意义研究活动或跨学科合作，从而导致对什么是有价值科学探究和创新的理解片面，教育工作者忽视专业成长的其他基本方面，如指导学生参与研究项目或参与基于社区创新倡议。

为应对此挑战，高等职业院校探索发展更加全面、包含多个学科和指标评估体系是至关重要的。在评估过程中吸引更广泛利益相关者帮助捕捉科学研究和创新能力，协作努力产生新的见解，不仅限于学术成果，还包

括实际应用和社区参与，必须使评价指标多样化，以反映职业教育和行业需求的演变格局。指标包括定性评估，如对创新项目同行评价或社区影响评估，从而为高质量研究和创新提供更丰富的观点，实施反馈循环，让教师在支持性环境中展示研究结果和教学创新。

第四节　“两业融合”对高职财经商贸类专业群建设的影响分析

一、明确科研创新能力建设的方向

目前，高职院校教师在论文发表、专利技术申请、教学成果发展等方面仍处于“散兵”的状态。由于其固有的离散性和自发性，使高职院校难以在科学研究和创新能力方面实现协同作用，产业与教育融合能显著地帮助高职院校明确其科研和创新能力建设方向，产业教育一体化机制使高职院校能够更好地把握行业（企业）的生产经营发展趋势。通过密切跟踪此趋势，高校确定和阐明与市场需求和技术进步相一致科研和创新能力建设的方向，最终提高毕业生的就业能力。企业通过产业教育一体化下人才联合培养，在积极参与高职院校“课后竞赛证书”等课程整合教学中发挥着关键作用，企业还参与组织学生和教师参加各种技能竞赛项目。不仅为学生提供实践体验，还促进教育工作者之间分享行业见解和最佳实践。此举措有效地帮助高职院校以符合现实应用和行业需求的方式，明确和调整其科研和创新能力建设，鼓励学术界和工业界之间更动态的互动，当教育工作者与行业专业人士一起积极参与技能竞赛和其他实际活动时，更有对金融和商业部门所需基本能力有更深入的掌握。进一步为课程设计提供信息，确保教学方法和内容得到不断发展，以满足不断变化的行业要求。

二、强化科研创新能力建设的激励

在“双高”建设倡议背景下，高职院校普遍加强科研的激励机制，无论构建此激励机制所采用的各种形式和评价制度如何，但由于普遍缺乏市场评价，此激励措施仍显不足。在教师之间竞争中尤为明显，致力于争取有限的科学研究和创新的激励资源，工业与教育融合显著加强机构建设科研和创新能力的激励，产业教育一体化机制使高职院校为教师科研和创新能力发展提供开放、协作的空间。在有利的环境下，教育工作者在行业、学术界和研究机构之间建立宝贵的联系，从而弥合由于缺乏强有力的市场评估而造成的差距。通过与行业合作伙伴直接接触，教师深入掌握当前的市场趋势、挑战和要求，从而为研究议程提供信息，并提高工作的适用性，不仅促进创新思维，还能有效地解决现实中的问题。

在整合机制框架内，某些教师有机会根据人力资本的比较优势从企业获得切实的回报，此回报采取各种形式，如咨询费、研究资助，甚至是合作项目资助。提供奖励显著提高教师积极性和职业认同感，鼓励教师更多地投入科研和创新活动中，获得行业利益相关者认可和支持。并加强对持续专业发展的承诺，产业和教育融合促进一种合作的文化，而不是教师之间的竞争。通过建立包括行业专业人员在内的多学科团队，教师协同工作，解决复杂的问题，并开展联合研究计划。

三、加大科研创新能力建设的投入

即使在承担“双高”倡议建设任务的教学部门，在发展科研和创新能力的组织资源配置方面仍存在明显不足。在生产融合机制下，高职教师与企业专业人员和技术人员合作，共同联合科研和创新团队。此伙伴关系利用两个群体互补优势，创造有利于知识共享和协作学习的环境，学术教育者和行业从业者之间协同作用产生一种学习效应，即双方都受益于对方的专业知识，以及一种丰富研究产出的知识溢出效应。

在教育融合机制下，企业提供必要的物质和财力资源，为高职院校科研和创新能力的建设提供支持。来自行业合作伙伴支持大幅加强组织框架，为教育工作者在追求创新研究计划时提供强有力的保证，在市场驱动背景下，企业寻求获得经济价值，有动机投资于高等职业学院。不仅确保所提供资源符合企业要求。通过关注实用性研究领域，高等职业学院促进学术知识和行业实践发展，研究活动的共同发展产生有利于社区创新解决方案，最终为相关学院赢得更高的声誉。组织定期会议和协作讲习班，以跟踪受资助项目进展情况，以便进行实时调整。显著提高资源投资的有效性，确保所分配资金能带来有意义的结果。通过培养与各种利益相关者的关系——包括政府机构、非营利组织和私营部门——大学获得更广泛的资源和支持系统，以扩大其研究能力。

四、催生科研创新能力建设的意识

营造有利于高职院校科研和创新能力建设文化氛围，内化和增强教师的科研创新意识。在封闭校园环境的文化氛围中，学术探索通常受到实践的限制。产业与教育的融合在增强科研和创新能力建设意识方面发挥着不可替代的变革性作用，在产业教育一体化机制下，为高职院校教师分配与现实产业需求紧密一致的具体科研和创新任务。此任务不仅规定明确时间框架，还根据行业的迫切需求制定标准，迫使教师在自组织系统内积极参与完成相应的科学研究和创新活动。通过产业教育一体化机制，教师与企业人员合作，形成致力于科研与创新的联合团队。教师通过与经验丰富的企业人员一起工作，对实际解决问题方法和创新方法才会产生有价值的见解。定期的产业—学术研讨会、研讨会和联合研究项目激发对话，鼓励教师分享见解，并从行业趋势中学习。不仅加强教育机构与就业市场之间的联系，还促进教育者之间持续学习和适应企业文化。认识和奖励高职院校创新和研究努力，形成强大的科学探究意识。

五、保障科研创新能力建设的质量

1. 加大品牌专业建设力度，发挥示范引领作用

高职院校必须依靠专业建设核心原则，发挥影响最大化，增加资本投资，以发展强大的教育产品。这一战略重点旨在培养在劳动力发展过程中发挥重要推动作用的国内领先品牌专业企业，院校应结合其独特教学特点和发展优势，集中于不仅利用现有行业优势，还在各自地区作为典范的专业。通过集中资源，高职院校有效地建立与当地领先产业、竞争部门和新兴领域紧密联系项目，从而加强其对当地经济的相关性和贡献，通过采用创新的教学方法来改进教育方法，不断更新课程内容以反映当前行业趋势，加强学校与企业之间的合作实践基础也至关重要，因为此伙伴关系能够为学生提供实际经验和对技能实际应用的见解。

2. 推进专业产业融合对接，优化调整专业布局

高职院校要认真地将其学术成果与产业发展的要求保持一致。此一致

性包括坚持加强现有优势、支持新兴产业和促进产业集群形成的政策，有必要对现有专业进行全面的评估和重组，同时探索能够满足市场需求创新的专业发展。为实现这一目标，高职院校应积极与产业协同发展，包括优化学科分配的早期预警系统，实施“绿、黄、红”的专业质量评价信号释放机制，有助于学校有效地管理和消除与社会需求、机构发展方向或区域产业进步重点不一致的专业。

3. 积极拓展国际合作渠道，提高国际影响力

高职院校应主动扩大与国际教育机构交流合作水平和范围，包括寻求创新途径发展中外联合教学，改进国际合作教育中利用的方法和资源，积极吸收先进教学理念和高质量的教学资源。此努力对于提高高等职业学院在全球教育界的国际声望和声誉至关重要。各机构应积极试验国际合作联合教育体系，包括优化专门针对中外合作教育项目的人才培训计划，此战略整合确保毕业生具备必要的技能和知识。

为进一步提升国际合作的广度和深度，高职院校应致力于建立长期稳定的国际合作伙伴关系。通过定期举办国际教育论坛、研讨会和学术交流活动，高职院校可以吸引更多的国际教育专家和学者参与，从而促进学术思想的碰撞和交流，高职院校还可以通过建立国际教育合作中心，为师生提供更多的国际交流机会，拓宽他们的国际视野。在课程设置方面，高职院校应注重国际化课程的开发，将国际元素融入专业课程中，使学生能够在全球化的背景下更好地理解和应对各种挑战，高职院校可以与国际知名企业和机构合作，开展实习和实训项目，让学生在实际工作中体验国际化的环境，提高他们的实践能力和国际竞争力。为更好地适应国际教育的发展趋势，高职院校还应加强师资队伍建设，引进具有国际背景的优秀教师，提升教师的国际化教学水平。

4. 完善专业内部质量诊断，提高人才培养质量

高职院校需要强调建立健全内部质量保证体系的重要性，其中包括“安全体系、学科质量监控、教师质量维护、对学生成长全面监控和保证体系的效率监控”。通过建立全面的内部质量管理网络，各机构通过多维度方法来确保质量，如学校运营、专业领域、课程安排、教学人员和学生发展。旨在实现独立的质量监控闭环，引导全体员工和学生自发增强素质意识，培养现代素质教育氛围，显著提高人才培养质量，高职院校应建立和完善与各专业相关监测和评价指标体系。促进实施专业的早期预警和动态微调系统。根据各学校具体情况，制定保证专业教育质量评价要素，高校应积极开展专业质量诊断活动，这一方法将促进高职院校教育质量保证体系的标准化和制度化，从而形成更加一致和可靠的质量评估框架。

5. 探索创新专业人才培养模式，提升人才培养效果

高职院校需要坚持综合规划和质量标准，以学生发展原则为核心，各院校应倡导和支持学生的独立成长，实施多样化人才培训策略，以确保教育服务与社会不断发展的需求相一致。高等职业院校不仅要满足学生对当前就业市场的知识准备，还应具备应对未来挑战的技能。为提高人才培养有效性，高职院校应深化信用制度的转型，从而提高精英教育项目的多元化和可及性。包括建立健全人才培养体系，同时建立有效的管理结构，院校必须建立中等职业教育与高等职业教育和本科学习的明确途径，诸如“3+3”“3+2”和“4+0”等模型，以促进学生的持续教育和技能发展。为实现上述目标，高职院校应加强与企业之间的合作，建立校企合作机制，使教育内容与行业需求紧密对接。通过实习实训高职院校财经商贸类专业群的建设，学生在真实的工作环境中学习和锻炼，从而提高其职业技能和实际操作能力，高职院校还应注重培养学生的创新意识和创业能力，通过

开设创新创业课程、举办创业竞赛等活动，激发学生的创新潜能，从而为社会培养出更多具有创新精神和实践能力的高素质技术技能人才。

第五节 “两业融合”下高职财经商贸类专业群建设与发展趋势

一、制定科研创新能力建设的中长期目标

在“类型教育”理念指导下，应明确界定构建高职院校科研和创新能力的目标，以符合行业趋势和教育标准，科研和创新能力发展的目标概括：第一，在职业教育中提高教师的职业技能和创新能力；第二，培养“课后竞赛证书”系统整合，以培养教育科研能力为目标。科研创新能力建设的长期目标：高职院校应率先建立科研和创新能力建设长期目标，包括将此目标与专业团队的分布和“双结构”任务固有要求相一致，各机构必须制定全面的长期目标，重点是提高教师的职业技能及其科学研究和创新能力。基于此总体目标，个别学校为其科学研究创新能力阐明具体长期目标，强调专业小组（或后小组）所需的必要研究和创新技能。例如，在数字经济专业小组中，教学部门应调整其目标，与其地理区域（如特定区域）相关的数字经济行业发展相一致，包括促进职业教育理念创新，发展“课后会员卡”融资教学模式，探索高校—企业合作进行人才培养的新途

径，通过制定中长期研究创新任务，专业教师团队系统地提高教师的科研和创新能力。

二、强化科研创新能力建设的激励兼容性

在加强科研与创新能力建设激励兼容性时，必须关注教师的结构性需求，包括根据教师的年龄、专业头衔以及所专门从事不同的专业来掌握教师的不同需求。建立激励机制促进教师扎根于学校职业教育发展意愿，增强教师构建科研和创新能力激励兼容性，必须注重学校职业教育的推进，自觉从事科研和创新实践，高职院校应努力适应职业教育要求，优化教师的职称评价标准。根据学科分布，此学科分为科学和工程学、社会科学和人文学科等类别。由于此领域研究产出的内在差异——社会科学和人文学科通常产生科学研究论文，而科学和工程学通常产生专利成果——此变化应仔细地为专业头衔评估标准的制定提供信息。职称评价标准还应整合重视教学改革指标，指导学生职业技能竞赛，评估教师职业技能，引导教师有意识地将其科研和创新能力建设与学校职业教育的广泛发展联系起来。

三、对教师开展科研创新能力前置性培养

高职院校要完善企业临时就业教师培训体系，高职院校教师缺乏企业实践经验。为解决这一问题，高职院校应不断完善促进教师参与企业临时就业培训的制度。学校和企业应通过产业教育一体化机制，明确教师临时就业培训具体任务，培养教师科研和创新意识是本次培训计划的关键目标。例如，具体的任务包括“熟悉和理解企业科研和创新目标和过程，以及科学研究和创新成果的评价标准”。

四、加强科研创新能力建设的文化保障

高职院校科研创新能力建设是一项长期的系统工程，此努力不仅需要政治组织和结构化系统支持，还需要强有力的文化保证，为校园科学研究和创新思想创造有利的环境。依托专业队伍建设，营造科研创新的文化氛围，确保高职院校科研创新能力发展与其目标相一致，学校应积极培养充满活力的科研创新文化。通过专业团体建设，解决与科学创新相关的关键问题。强调支持年轻教师培养积极主动的心态，促使其开始参与有关课程教学数字化转型的研究和创新，由一种新兴自组织的科学研究创新意识所驱动，将指导努力通过互联网驱动教学方法实现高质量的发展。在对 35 岁以下教师的年度评估中，要求提交各种反思性文件，如“课程思想政治研究报告”“教材建设意见”“高职学生课程学习行为分析”。这样的文件不仅为评估提供切实指标，还创造一种压力感，迫使年轻的教育者发展一种自我组织科学研究创新意识，通过在学术追求中培养归属感和责任感，向教师灌输主动性和创新的持久性价值观。

五、基于价值链开展多元化评价体系建设

高职院校科研创新能力建设对促进职业教育全面发展具有重要的保障作用，在整个施工过程中遵守既定的质量要求。丰富专业群体产业与教育融合的主要类别。在推进高职院校科研和创新能力时，根据各自工作特点和不断发展的产业趋势给予不同待遇，利用价值链的视角丰富产业—教育整合的主要类别。例如，在“电子商务专业集团”中，价值链上游包括各种产品供应商和多个仓储和运输企业，而下游则关注终端消费者，将来自产品供应商以及仓储和运输企业技术和专业人员纳入评价主体的范畴，拓

宽评价的框架和视角。在“汽车工程专业集团”中，价值链上游包括零部件供应商，下游涉及4S商店（销售、服务、备件和调查），使得从零部件供应商和4S商店中选择第三方评估对象，确保全面评估过程，准确地反映行业的需求和期望。通过丰富评估类别，职业院校确保其教育服务与工业标准和实践保持一致，在教育和劳动力之间建立更牢固的联系。

第五章　高职财经商贸类专业群育人模式的探索

第一节　高职财经商贸类专业群育人模式的逻辑起点调查

高水平专业群课程建设，不仅是一种技术性问题，诸如课程结构的调整，课程价值观的重塑，更是支持系统的一种变革。深化专业群课程改革，亟须职业院校在制度框架上实施根本性的重构，否则，改革进程将难以触及核心，实现实质性的推进。在此基础上，借鉴专业群建设与治理体系的经验，可以认为，专业群课程的建设与制度体系的完善之间存在着一种相辅相成、共同演进的紧密联系，二者在发展过程中相互促进，形成了一种动态的共生关系。在专业群课程的深刻变革中，课程制度的完善程度直接由两大关键指标体现：一是各利益相关主体在课程建设过程中的积极参与度，二是课程建设本身的有序性。这二者共同构成了衡量课程制度健全与否的标尺。因此，在专业群课程改革与制度变革之间形成一种紧密相连、相互激励的互动机制显得尤为重要。这意味着，必须摒弃以往单一的、孤立的改革路径，转而追求课程改革与制度体系改革之间的双向互动与协同进化。唯有如此，方能实现课程改革在根本层面上的飞跃性突破。共演理论（Co-occurrence Theory）作为达尔文进化论的一个进阶扩展，融入了复杂系统理论的核心要素，其核心在于将演化的单一线性轨迹重构为多元并进的共演模式。在生物学语境下，当两个或多个物种群体的进化轨迹显著相互依存，乃至影响对方的生存状态时，这一现象被视为生物界的“共同演化”。这一概念推广至社会系统层面，则指当两个或多个变量之间不仅相互影响，而且构成彼此变化的直接动因，形成闭合的因果循环时，方能称为真正意义上的“共同演化”。据此，双向的、互为因果的关系成为判定共演关系不可或缺的前提基础。在这个意义上，专业群课程建设与制度体系改革之间存在典型的双向因果关系：一方面，专业群课程作为一种新型课程体系，应该通过课程制度的方式在职业院校的人才培养实践中落实；另一方面，专业群课程体系所倡导的“群理念”“群生态”及“群范式”等核心理念，正深刻触发课程制度层面的革新，这一过程不仅是对现有实践的动态调整与优化，更预示着课程制度体系的全新转型契机与广阔发展空间。简而言之，专业群课程的构建不仅是课程体系现代化的重要标志，还为课程制度体系的改革注入了时代的新鲜血液与深刻内涵。而制度体系的相应变革，作为专业群课程改革不可或缺的基石，为其提供了坚实的制度框架与强有力的保障措施，共同推动着教育改革的深入发展。

一、赋能增效

首先，专业群课程变革为制度体系的完善提供动力，专业群课程改革将重构职业院校的课程制度内容。课程改革需要相关制度的保障。专业群体作为一种全息的复杂系统，它涉及多个层面、多主体、多维度的集体行动，课程改革的开展将为职业教育的发展创造有利的机遇，通过完善国家资格框架、职业培训标准、课程标准以及专业学习资源库等，使国家层面、地方层面及学校层面对专业群课程制度进一步优化。其次，专业群课程的变革将使我国现有的课程制度构建目标发生变化。专业群课程体系的构筑，深植于“一专多能”的复合型技术技能人才培养核心理念之中，这一价值追求恰好契合了新时代赋予职业教育的全新使命与人才培养的迫切需求。职业院校在制度建设与整体治理策略上的每一步探索与实践，均自然而然地围绕着这一核心目标展开。这一过程，不仅为课程制度建设的目标定位开辟了崭新的视野与方向，也预示着教育体系内部将迎来一系列创新与变革。最后，专业群课程变革可以使职业院校的制度建设方式得以优化。专业群建设正引领职业教育领域迈向一场深刻的治理变革，旨在颠覆传统“单一化”与“等级式”的管理框架。这一转型迫切要求职业院校在课程建设的征途上，摒弃过往封闭僵化、科层分明的管理模式，转而拥抱开放包容、灵活弹性的制度建设路径，以更加适应快速变化的教育环境与市场需求。与此同时，在并行不悖的进程中，专业群课程变革凸显了“群理念”作为资源整合中枢的核心地位，其核心策略在于推动课程体系由单一孤立的发展轨迹向集成化、结构优化的课程群模式转变。这一转型不仅旨在打破过往课程之间“孤立无援”“界限分明”的运作生态，更致力于催生一种多元共生的制度文化。该文化倡导跨界融合，鼓励不同领域间的无缝衔接与协同创新，从而开启职业教育发展的新篇章。

二、行动保障

课程制度的建设能够为专业群课程改革的顺利进行提供可靠保证。具体包括：“制度有作用”“制度内生性”。前者注重制度对规则、信仰、行为乃至结果的影响与塑造；后者则强调制度的形态与作用。在课程发展的蓝图中，课程制度扮演着举足轻重的引领者与规范者的角色，它不仅为课程演进指明了方向，还确保了课程实践的有序进行。课程制度的建设，可以为课程专业群课程改革提供程序化和规范化的指导。具体而言：首先，课程制度的建设对专业群课程改革的原则、理念、行为乃至最终的效果产生了重大的影响。从内在来看，课程制度主要是通过制定相应的政策规范，提高课程改革的效率，影响课程改革的效果，影响课程改革的观念与行为。从外在来看，制度对行动者施加了显著的“赋能”与限制性效应，既为行动提供了可能性，也界定了行动的边界。为组织与参与主体的正当性提供了重要源泉，并对利益主体的权利、义务与利益边界进行有效的规范。其次，课程制度的建设，能够有效地解决政府、学校、企业等主体在课程建设参与中的体制机制难题，推动政府、学校、企业等多方主体的深度参与与行为交互。反之，若无制度层面的松绑与治理体系的优化，专业群课程建设的参与方将深陷束缚，合作仅停留在浅层上，无法使各主体的积极性、创造力得到充分发挥。最后，课程制度的建设是新的课程改革背景下确立新的课程秩序的有力保障。课程改革并非一朝一夕。更深层次上，它已凝聚为学界共识——即课程制度的革新是改革深入的关键。新一波课程变革浪潮呼唤着配套课程制度的建立与完善。值得注意的是，“共演”概念在此语境下尤为生动，它不仅指涉“共同性”，更蕴含了“动态演化”的深刻内涵。共同性不苛求时间上的绝对同步，而是聚焦于双方之间相互反馈机制的构建。而演化，则是指这些相互作用能够激发双方适应性特征的持续演变。与此同时，课程建设与课程制度之间存在着一种并行不悖、相互促进的演进关系，特别是在专业群建设的宏观背景下，课程改革的加速推进对课程制度提出了更高的适应性变革要求，二者相辅相成，共同书写着职业教育发展的新篇章。

第二节　职业岗位：专业群组建逻辑起点分析

一、合理性分析

从专业设置的单一视角逐步过渡到专业群构建的广阔图景，其根源可成为观察社会形态的镜子，了解产业结构的变迁轨迹、职业特性的动态演变，乃至人们价值观念的时代变迁等多个维度全面而精准地勾勒出专业群发展的清晰脉络与内在逻辑。

（一）从分工走向合工

各学科领域对职业性质变迁的理解，往往伴随着对职业定义多样化的独特诠释与界定。其具备如下几大特点。首先，职业能给人带来经济价值和角色价值，通过参加职业工作，人们可根据自己的职业表现得到薪酬，也可以通过完成工作任务获得价值，进而实现个人的协同发展。其次，职业起源于社会分工，将人类视为媒体，将市场视为指引标，社会分工的形式会随着时代的发展而呈现出多样化的趋向，因而其内涵与形态也会随之发生改变。最后，从广泛的角度来看，职业还应该包括从业者的教育经历、工作经历以及与工作有关的全部经历。职业是职业教育的出发点和归宿，职业院校的专业设置应与当代社会现有的就业岗位紧密结合。在产业结构优化的过程中，技能型职业的实际内涵得到了进一步更新，技能型职业的社会地位也得到了进一步的提升，进而使得职业教育在整个教育体系中的地位得以提升。自从社会有了分工，就有了职业。往昔之时，管理者为最大化利用资源，减少跨职业转换的时间成本与已投入原职业的沉淀成本，倾向于采取精细化分工策略，将每位工人定位于固定的岗位，通过有计划、有针对性的培训，逐步将其打造为精通特定环节的“专家型工人”，即遵循“专人专岗”原则。在这样的生产模式下，每位员工如同齿轮系统中的一环，任务明确且固定，他们或许日常毗邻而坐，却鲜有机会了解彼此的工作流程与技术专长，仅专注于个人职责范畴内的精准执行。自工业革命以来，人类步入了工业经济的时代，在这一时期，人们的物质生活状况、消费水平都有了很大的提升，随之而来的，是对市场提出的消费要求越来越细致。以往的大批量生产模式现已向多元化、个性化方向发展。如果还是按劳动分工来进行，就会增加十倍的人力、物力。很明显，局部工人的专用性大幅下降，亟须破解规模化、标准化生产模式与瞬息万变市场需求之间的深刻矛盾，以应对市场环境的不断挑战。因此，以科学管理理论为基础的合工理论应运而生。

美国的福特汽车公司是一个极佳的例子，为了提高企业生产效率和管理效益，福特公司开始尝试发布流水线任务。以往，原料生产，部件加工，工程组装，质量控制，物流和分销等一系列界限清楚的生产流程，其界限已逐渐模糊，并逐步向传送带式生产模式靠拢。对于个体而言，负责各项分工的员工所需完成的任务也开始向综合化发展，这给人力标准带来了新的挑战，同时极大地提高了人力资本的应变活力与就业价值。就企业而言，过去被分开的业务与工序正趋向于整合，可以将人员组织成小组进行统一管理，显著增强信息交流的流畅性，大幅简化管理环节的复杂度，从而实现高效协同作业。

（二）从标准固定化到个性多元化

职业内涵的变化包含三个层面：第一，职业量的增加或减少；第二，职业内容的多型性与现代性；第三，个人与职业的关系从单向下达任务向双向反馈互动转变。罗斯特的主导产业理论曾提出，一个国家的经济发展很大程度上依赖于其主导产业的演化。伴随着科学技术的飞速发展，工业结构也发生了深刻变革。新兴行业的崛起，部分传统行业的衰退，对职业结构产生了直接或间接的影响。首先，新职业的出现，旧职业淡出市场。随着大数据、人工智能、云计算等技术的不断发展与普及，无人机驾驶员、大数据云计算技术人才、物联网安装与调试员成了时下紧缺的岗位人才，这是随着产业科技化而产生的较为正式的职业，还有一些不那么正式的职业层出不穷。近年来，随着网络环境的净化需求加剧，微博、微信公众号等社交平台纷纷引入了用户实名制及 IP 定位措施，这意外催生了新兴“职业”——帮助用户“伪装 IP 地址、伪造实名认证信息”。与此同时，一些承载着时代记忆的传统职业，如传呼机接线员、打铁匠、磨刀匠及钢笔修理工等，正逐渐淡出公众视野，甚至成为历史。另外，众多传统职业虽存续至今，却面临时代的全新挑战与要求。网络的广泛覆盖与人们对便捷生活的追求，促使“无接触服务”成为新风尚，医生与教师等职业也顺应时代潮流，纷纷探索线上诊疗、远程教学的新模式。餐饮业亦是如此，昔日服务员职责明确，聚焦于点餐、传菜等基础服务，而今在数字化浪潮下，手机点餐成为常态，服务员的角色边界变得模糊，他们需转而提供更加细致入微的人性化服务，如根据顾客口味推荐菜品、细致记录饮食禁忌、为亲子顾客准备儿童设施、为庆生顾客营造温馨氛围等。这一系列变化深刻揭示了产业多元化趋势下，职业要求的个性化、定制化倾向，同时对员工的适应性与应变能力提出了更高标准。

（三）从谋生存到求发展

在全球经济一体化的背景下，职业内部的就业结构正由劳动密集型向产业密集型、知识密集型的方向发展。以往以垂直层级为基石的管理模式，现已转型为以扁平化网络为架构的新型管理方式。随着工业管理层级制的官僚色彩逐渐淡化，从一开始死板的工作模式逐步有了灵活空间，取而代之的是一种权力下放的柔性管理模式。由此，人们的职业观也从单纯的谋生存转变成了实现自我价值的途径。20 世纪 90 年代，员工常陷于单调的劳作，彼此隔绝，导致工作氛围沉闷而消极。而今，随着工作模式的日益开放与灵活，企业积极推行绩效激励机制，并致力于营造充满正能量的职场氛围。这一转变不仅激发了员工提出创新构想的热情，还促进了高效协作模式的兴起，使得个人薪酬与业绩紧密相连，形成正向循环。在此激励下，员工纷纷展现出对新知识、新技能的渴望，期望通过持续培训和学习，不仅提升个人绩效，更在职业生涯中找寻到深刻的自我价值感与成就感。

（四）从职业到职业生涯

步入知识经济时代，职业教育的核心价值导向已经历了一场深刻而彻底的转型与变革。知识已跃升为比工业社会中的“劳动力与原材料”更为核心且宝贵的资源。一方面，知识能够生产知识，也就是说知识本身所具备的直接的、潜在的价值；另一方面，在知识社会，知识衍生速度快。职业教育的一个重要目的就是要把知识转变为实际能力。随着职业教育与社会、人才培养与市场就业的关系的日益密切，产业结构更替速度越发迅速，这就要求职业院校需抛弃“一次性教育”的观念，将学生的生涯规划与终身学习的能力纳入人才培养计划当中，职业导向与职业生涯导向之间的最大差异在于：前者专注于入职前的充分准备与初次就业资格的获取，致力于塑造学生适应特定岗位的能力；而后者则在此基础上进一步拓展，将焦点对准个人入职后的成长轨迹与职位晋升，特别强调在多变职业生涯中不可或缺的适应力与创造力的培养。在职业导向期，高职院校在协助毕业生就业时，常常仅停留在“此人的能力与偏好与何种岗位相匹配”时，往往过度聚焦于具体岗位的适配性，却意外地忽略了至关重要的一环——“如何全面培养此人，以使其在整个职业生涯中都能展现出强大的适应力”。目前，我国高等职业教育正在经历由“在职人员培养”向“就业人员培养”转变的过程，在强化学生技术技能的同时，教育体系还延伸涵盖了自学技能与就业技能的培养。技术技能聚焦于使学生掌握针对特定岗位或岗位群所必需的专业知识与技能；而自学技能与就业技能，则着眼于学生离开校园后，面对职业生涯中不断涌现的新知识与岗位需求，所需具备的自我学习、持续成长及灵活适应的能力。

（五）从专业孤岛走向专业集群

“职业生涯导向”的实现路径不应只是简单地在学生毕业之际培养其就业能力，而是要从技术技能方面改革，将其所学知识能够有机地整合起来以拓展学生的能力范畴。通过动态组建专业群集聚资源，实现复合型人才的培养。在“四新”时代来临的背景下，产业生产组织方式已由标准直线化的福特模式过渡到了动态网络化的后福特模式。具体而言：首先，职场生态显著变迁，员工工作模式由细分切割转向协同合作，管理模式亦由垂直层级向扁平化复合转型。这一转型凸显了产业人才需兼备专业技能与双创能力的迫切性，作为职业院校与产业之间桥梁的我国高职教育，势必在专业布局上作出适应性调整，以适应快速演变的行业需求。回顾往昔，传统高职专业设置虽利于培育高精尖人才，契合往昔工匠精神，但面对智能时代的快速迭代，其狭窄的专业路径已显乏力，昔日抢手的技艺恐难逃被时代淘汰之虞。其次，高职专业结构对新经济形态的适应性不足日益凸显，部分院校为迎合市场热度与就业指标，盲目增设热门专业，导致人才培养同质化泛滥，如非一线城市的职业院校竞相设立电子信息、电气工程等热门专业，往往忽视了地方产业实际需求，造成毕业生就业难与企业招聘难的双重困境。概括而言，传统高职专业设置面临三大挑战：一是形式单一，人才技能狭窄，难以应对复杂工作，且资源分散，拓展受限；二是内容盲目追热，与本地产业脱节，资源浪费严重；三是调整僵化，过时专业未能及时革新，亟须通过增删改来优化结构，对接新兴业态。在此背景下，专业群建设应运而生，成为满足复合型高能产业人才需求的关键路径。专业群具备灵活性与前瞻性，能根据产业动态调整专业构成，群内专业间的协同与互补效应，有效整合资源，促进专业间的良性竞争与合作，推动职业教育向宽口径、高效率、强动力的方向发展。专业群建设不仅是响应社会经济变革、支撑产业升级的战略行动，也是高职院校实现质量提升与内涵深化的重要途径。

二、必要性分析

2006年，教育部提出了“500类特殊职业”和“剥离高职院校建设机构”的要求。把普通高校的专业群评估成了与高校同等的层次，这说明，国家对专业群的建设给予了更多的关注，也说明了新的政策对于专业群建设有着更高的要求。通过对近年来职业教育有关专业群的文件进行梳理，不难看出，教育部对专业群的建设放在了教育服务国家战略、提振社会经济发展中极为重要的位置。此外，还着重强调了通过优化专业间的相互关系与生存策略，构建一个共生环境，此环境不仅涵盖大气、水体、土壤、生物群落等自然要素，也涉及观念、体制、行为规范等社会非物质层面。随着共生单元的不断演进，共生模式趋向于更为和谐、互利的方向，旨在促进各方共同发展，繁荣共进。这种多元主体间基于互利共生的关系构建，与现代治理理念不谋而合，治理核心在于权力的合理分配，实质上是对各方资源进行动态协调与优化的过程。现代治理理念追求的是在公平原则下，最小化利益冲突，实现群体利益的最大化。专业群概念的提出，正是基于产业链与岗位群的需求，将相关专业进行整合，形成教育与产业资源的“共建、共治、共享”机制。强调任何成果绝非一蹴而就，唯有通过共建与共治的努力，方能实现真正的共享。在专业群框架内，各专业犹如生态系统中的个体，其间的资源流动、信息交换及潜在的竞争合作，共同编织成生态运作模式，而整个专业群，包括课程体系、师资队伍、对接产业等所有相关组织，则构成了一个复杂的群生态环境。对于高职院校而言，学校、企业、政府、市场等作为生态要素，通过制定旨在促进互利发展的利益协调机制，形成了独特的共生模式。因此，专业群本质上是一个遵循共生系统规律的共生体系，其包含了共生系统的三大核心要素。将协同共生理念融入高职专业集群管理体系，旨在促进治理模式的现代化转型与升级，这一过程兼具理论与实践的重要意义。无论是从系统论，还是共生论视角审视，专业群治理的核心均在于发挥其集群效应，激发内部专业及相关资源的协同效应，进而灵活适应区域产业结构的变迁，培养适应区域经济发展需求的复合型人才。

三、科学性分析

知识联结的逻辑架构本质上根植于学科体系的内在逻辑，提倡将相近的专业整合为专业集群，这一点是本科院校设立二级学院时通常采用的思路。知识联结的逻辑问题的关键是，职业院校在组建专业群的过程中，一定要认真地考察各专业的核心知识系统的共享情况。在实际操作中，“优势驱动、协调发展”的策略得到普遍认同，即以高校的优势或特色专业作为主体，发挥自身优势与资源优势，带动周边专业的协同发展，形成集群效应，提高教育与研究的整体水平。在我国，追溯历史，已经出现许多具有科学性和学科特色的专业集群成功案例。早在 2007 年，袁洪志便前瞻性地提出了“基于学科基础构建专业集群”的理念，并对其具体的应用举例进行阐述：在建筑学科领域中，由于建筑工程技术、道路与桥梁工程、水利水电工程等专业都是扎根于数学、力学及工程构造学等共通学科，而这些专业又巧妙地与建筑施工类专业集群相融合；同时，以经济学、管理学等为工程造价与监管、房地产经营与管理等专业，也很自然地被纳入建筑经济类专业集群。但是，关于知识学科逻辑建群问题，学界众说纷纭，莫衷一是。部分学者主张，职业教育要敢于突破传统高等教育的束缚，走出一条更加独立和创新的发展之路，而不是一味地复制或模仿普通本科教育的模式，从而可以更好地满足社会发展对技能人才的多元化要求。这一争论反映了职业教育在追求专业化与特色化道路上不断探索与平衡的过程。在实践教学中，完全摒弃学科基础，这也是不现实的，所以要有一种均衡的观点，即职业教育应坚持以职业导向为核心，同时灵活而非刻板地融入学科性原则。专业技能的培养与扎实的知识基础是紧密相关的，二者非但非对立面，反而是相辅相成的。基于此，这对认知就需要专业群管理者有着更高的要求，需精准洞悉职业教育与普通教育之间的共融点与分野，进而既要注重于专业群的职业技术特色，同时也有必要对其知识学科基础进行恰当的维系并强化。在此基础上，确保职业教育在专注技能锤炼的同时，亦能遵循教育规律，达到知识传递与技能开发的协调统一。技术共通性逻辑的核心在于以共同的技术为基础构建产业集群，强调在群内各专业需共享相同或相近的专业技术技能基底。此逻辑被普遍运用于我国职业教育领域，其中半数以上专业群都是以此为基础组建起来的。以浙江经贸职业技术学院为例，将电子商务、软件技术、计算机网络技术及计算机应用技术等 4 个专业有机地融合在一起，形成一个具有特色的电子商务专业群。通过共享信息技术、数据分析、平台运行等方面的技术支撑，形成一批具备数据处理能力、信息安全意识和创新创业能力的复合型人才。运用此逻辑进行专业群建设时，需要建立起一支具有较强学科敏感性和深度的人才队伍，不断地进行产业调研，以保证所讲授的课程与产业需求密切相关。而资源共享逻辑则是建构专业化社群的重要方式与终极目的。在每个高职院校递交的生涯发展规划中，无论是从组织逻辑的阐述、建设目标的制定，还是对未来的预期，都突出“最大化群内专业教学资源的共享”的重要性。这一点体现在群内至少三个专业需共享企业资源、用人单位联系、校内外实训高职院校财经商贸类专业群、专任教师及校外兼职教师等多个方面。在多数院校的专业群申报材料中，资源相关性是最重要的评估指标，其与团体建构的质量与实践成效有直接关联。当然，以上所说的资源共享仅仅是一种基础条件，在实践中，能够分享的资源远不止这些。其中包含大量的线上教学资源，例如精心编排的课程、生动的音频视频材料，以及先进的网络虚拟实验室等，为学习带来极大的方便与深入的了解。另外，产业动态信息的共享同样至关重要，包括未来五年的产业发展蓝图、人才市场的招聘趋势等，这些信息为学生职业规划提供了宝贵的参考。同时，加强学校与企业的合作，也是实现资源共享的根本所在。为促进人才、先进知识、先进技术等要素在高校之间的自由流动与优化配置，构建跨校、跨界的协作网络。这样的协作教学模式，不但能扩展教学资源的范围，而且为学生搭建了一个更加开放的学习与实践的平台。产业对接逻辑，是一个更为精准的建构专业化社群的战略。它紧密围绕产业的空间布局与结构特征，保证专业群与产业链、岗位群之间形成清晰的对应关系。当产业持续不断升级与转型时，专业社群也要有灵活性以配合新的市场需要。在“扁平化”“网络化”的生产分工格局下，专业群的组建更多关注于对产业链核心环节的精准把握，并以职业岗位群的人才需求为导向，保证专业的适切性与有效性。实施产业对接逻辑，需要开发商具有敏锐的产业洞察能力与前瞻思考能力，对产业的核心发展方向与技术进行精准的掌握，并适时发出市场变动预警。在此过程中，还需避免盲目求大求全，而应科学选取产业链上的关键节点作为专业群构建的依据，以达到最优分配与高效使用。但是在此过程中需要注意的是，将单一逻辑运用于专业群的实践中，会使专业群的全面性和适应性能力受到限制。其实，前述提及的四种逻辑框架各有侧重，却又内在交织，相互影响。一个出色的专业群构建，应该将上述这些逻辑巧妙融合，并且与院校的特定环境及需要紧密相连。比如，以某学院的食品营养与检测专业群为例，这一集群既有食品营养与检测、农产品加工与质量检测以及生物制药技术三大专业领域。在专业群的构想报告中明确指出“食药质量安全涉及产业链各环节，检验检测与认证技术是其重要手段”。由于该研究领域具有很强的跨界特性，因此该专业群自然而然地共享了化学、生物学等共通学科基石，以及化学分析、微生物检验等关键技术平台。另外，将质量检测岗位作为三者的共通职业路径，可进一步强化企业内部的专业关系。在此基础上，通过教学体系的深度融合，教师之间的跨领域合作，以及以实训为基础的资源共享，有效地分配与使用这些资源，精准对接了食品检验检测与认证行业的实际需求。这两个看起来很简单的结合，其实是一种非常复杂和巧妙的逻辑。它既体现学校对专业内在关系的认识，又体现学校在专业团队建设上的创造性与智慧。

第三节　职业岗位为组群逻辑起点的实践意义

一、认知专业群组建的本源性

在如今知识型社会、经济全球一体化的背景下，高等教育正在走向大众化，同时产教融合日益紧密，知识生产模式的趋势日益明显。这种变革正在以一种全新的方式形成知识产品的新生态。从知识生产模式Ⅰ学科专业型主导到知识生产模式Ⅱ问题型为导向，这不仅是范式的更迭，更是高职教育顺应时代要求的一种深刻体现。知识生产模式Ⅱ的核心思想是以跨学科整合与实践探索为基础，突出人才的多元化、团队协作、组织灵活性以及知识的运用价值，其研究成果超越多个学科的界限，具备高度的综合性和创新性。作为这种转变的结果，专业群的构建是更加复杂和动态的，根植于内在知识体系的自然演化与深入融合。其关键在于对知识的深入了解与灵活运用。基于此，构建专业群课程体系时，应深刻理解知识生产模式转型的内在逻辑，以需求为舵，创新为帆，探索更为广阔的知识疆域与形态，为专业群的发展路径指明方向。尤其是在当前知识生产模式发生深刻变化的背景下，高职专业群的课程体系建设也必须由浅入深、由内而外地转型。通过对单个知识点的优化，到对课程与专业设置的全方位更新，乃至对整个行业的组织架构进行重新组合，从而达到真正意义上的产学研结合，推动知识的高效转化与运用。基于这一认识，本研究以知识生产模式这一理论视角，对高职专业群课程体系构建的逻辑脉络与发展趋向进行剖析，以期对我国职业教育领域的专业群建设实践具有一定的借鉴意义，从而使职业教育更好地为国家经济社会发展服务。

（一）知识生产模式转型的内涵

全球经济体系的转型，正从传统要素与效率驱动迈向创新驱动的新纪元，引发知识生产方式的巨大变革。知识生产模式，成为由生产理念、方法论、规范体系、价值观念及组织架构等多维要素构成的标准化路径与演进轨迹。随着知识经济的持续发展，复杂问题的多维度特性促使单一学科的知识体系显得力不从心，进而知识生产模式因此经历从模式Ⅰ至模式Ⅱ

的深刻转型。19 世纪上半叶，知识生产模式Ⅰ最早是在法国与德国产生的。以柏林大学的建立为标志，确立以高等教育机构为核心的自主知识生产体系。在这一模式下，教学与科研的深度融合不仅赋予了知识生产以合法性，还构建了一个集理念、价值观念、方法论及规范体系于一体的知识综合体，严格遵循学术界的组织规则与学科框架，被誉为“洪堡模式”。该模式强调学术自由与科研教学的并重，倾向于在单一学科领域内进行重复且同质的知识生产，其创新路径呈现为由高校基础研究出发，到有关部门的应用研究，以及政府部门与企业采纳并采用的一维线形创新模型。随着科技的发展，高校的规模越来越大，面对着许多不同的学科、不同的专业，不同的功能结构，使得高校变成一个庞大的资源节约型组织。在这样的大环境下，智能化制造打破高校院校的局限与壁垒，逐步超越传统的组织形式，迎来知识生产模式Ⅱ。在这一模式中，人们对知识生产的根本追求是由从单纯的认知能力拓展至社会合理性与知识效用的双重考量，知识的应用价值越来越突出。知识生产是一个由学校、企业、政府等多方要素共同作用的产物。20 世纪 90 年代，迈克尔·吉本斯（Michael Gibbons）等认为，知识生产领域正经历着从模式Ⅰ到模式Ⅱ的深刻变革，这一转型标志着以应用研究为核心的知识生产模式Ⅱ成为时代新宠。知识生产模式Ⅱ聚焦现实应用情景，以市场需求作为度量指标，以任务为驱动，体现出知识生产者多元化、组织结构的灵活性。它的评价制度也有多元化的趋势，突出多层次的质量管理标准。在这种情况下，由高校、市场（或企业）、政府三方构成的“三重螺旋”创新体系，为知识的生成创造广阔的空间。

（二）知识生产模式转型对专业群课程体系构建的适切性分析

逻辑从模式Ⅰ到模式Ⅱ的知识生产模式演进，既是学界顺应时代发展趋势的必然产物，更是一种深层的逻辑变迁。这一过程不仅揭示知识形态的内在演进轨迹，也为我国专业群课程体系的科学构建提供理论支撑与实践指导。在知识生产模式Ⅰ中，将技术知识作为一个单独的范畴来看待，并以此为基础构建专业群课程体系，强调知识的系统性和全面性。但是，随着知识生产模式Ⅰ向模式Ⅱ的转型，使得课程设置的逻辑发生巨大的改变。在知识生产模式Ⅱ中，技术知识的生产从传统的逻辑发展到以技术为基础的方式，以满足不同类型的知识需要为目标，具有广阔的社会影响力。这一转型要求专业群组课程体系既要注重技术知识的内在逻辑，又要兼顾建设的外在关联性与社会价值。在以目标为导向的视角下，构建专业群组课程体系的目的逐步由满足个体的学术利益拓展到适应社会实际需要，乃至更高层次的社会期待。这一变革对课程设置提出更高的灵活性与开放性，以适应社会多样化的需要。就组织形态而言，专业群课程体系的建设也经历一个由正规机构向多职能协同平台发展的过程。在此背景下，高职专业群建设委员会等传统组织形式逐渐被高职专业群知识协同平台等更加灵活、高效的聚合性知识组织系统取代，这种变化促进了知识在不同主体间的自由流动与高效整合。在知识生产模式的变革中，构建主体的多元化也是一个显著特点。这种转变，从最初的高职专业群管理者、教学者、研究人员，发展到如今的广泛纳入政府部门领导者、行业企业管理者、社会公众等多方力量，拓宽课程建设的视野。同时，它也提高社会适应能力和影响。在体系创新层面，专业群课程体系逐步由传统的技术服务线性创新模式向技术创新协同网络发展，并最终向未来产业学院等知识创新生态系统迈进。基于此，这一过程不仅提高了知识生产的效率和质量，也为专业群的可持续发展注入了新的活力。总而言之，知识生产模式的转换，深刻地影响着高职院校专业群课程体系的构建。无论是从目标导向、组织形态、构建主体，还是体系创新等方面来看，都呈现出一种从单一到多元、从封闭到开放、从静态到动态的发展趋势。这种趋势要求在构建专业群课程体系时，必须紧跟时代步伐，不断创新思维和方法，以更好地适应知识生产模式的新要求和新挑战。

二、强化岗位技能分析的基础性

在传统产业转型与未来产业培育中，专业群需与产业紧密互动，促进技术知识在前沿交叉领域创新，生成新知识。课程建设虽受知识生产模式变革冲击，但二者实则共生发展，适应时代变迁。强化岗位技能分析，确保课程内容与产业需求紧密对接，是专业群课程建设的核心策略。

（一）内容逻辑

在知识生产模式迅速转型的背景下，急需对这一转型的要求，对专业群体学习系统的内涵进行充实与提高。知识转型是构建专业群体知识内容的重要动力，而这就要求重视由单一层次的专业社区课程向异构的跨领域发展趋势。尤其是以技术知识为核心的知识生产模式Ⅰ，其重点在于通过对专业群体知识的融合来构建知识系统与课程；知识生产模式Ⅱ强调社会权力分级，并着重于将实用知识与实际经验相结合。在专业群体的课程整合进程中，政府与行业都起着积极的作用。专业间的界限变得更加模糊，而专业知识的流动也日趋频繁。学校与企业之间的合作，为学科间的融合与学科知识的整合搭建一个很好的平台。而这些要素对于专业团队课程的整合，促进高技能技术知识的产生与创新，以及形成公共物品的知识集群具有十分重要的作用。在此背景下，专业群体课程的内容应该集中在技术革新、课程理念和组织文化三个层面。当前，专业群体的知识集成遇到许多问题。基于此，只有对产业集群创新有深刻认识，才能以知识转型为动力，建设出一支高质量的专业化团队。所以，专业类课程的内容应该集中在课程体系上，直至解决技术性问题，最后才能推动社会科技的发展。

（二）载体逻辑

知识生产模式转型对于专业群体学习体系的载体所产生的影响，与基于知识产出的专业群体课程系统有很大的区别。首先，要建立基于课程组合的专业群课程体系。在知识生产模式Ⅱ的框架下，一个行业的知识生产是建立在一个广阔的、超越专业边界，并将其与整个发展目标相结合的基础上的。随着知识生产方式的转变，越来越多元化的知识生产模式正在成为各产业间的纽带。在处理极为复杂的科技问题时，各领域的专家知识相互交融，形成多种类型的知识产品，从而有效地推动智慧与技术创新。基于这一点，知识生产模式的转型基于多学科跨领域的新思路，即知识生产方式的改变，会引起专业学习体系的载体发生改变，而不是全部由多学科到跨学科演化的过程，也有可能发生渐进式、跳跃式的变革与创新。基于此，这就要求对专业团体的知识进行融合，对共性和特定方面进行统筹，削弱知识生产模式Ⅰ课程组合的简单逻辑，主动地满足知识生产模式Ⅱ的转换要求，进而通过搭建跨学科的平台，促进专业群组课程的构建，既能满足行业、专业及其他技术服务的需要，又能满足由知识到挑战的社会发展的根本要求。

（三）目标逻辑

随着知识生产模式由传统向知识生产模式Ⅱ型的深刻转变，专业群体学习系统的目标也随之发生根本性调整。在知识生产模式Ⅰ的框架下，专业群课程体系主要依托学校与企业的技术知识，构建以课程整合为核心的学习体系，其焦点往往局限于既定课程内容的组合与优化。然而，在知识生产模式Ⅱ的引领下，专业群课程体系构建也越发注重应用导向与社会实践，技术知识被置于更为宽泛的情境之中，紧密对接行业实际需求。这一转变促使专业群体学习体系的目标发生根本性重塑：从单一追求专家成长与技术精进，转向深度融入产业生态，致力于解决复杂社会技术问题，并促进社会福利与可持续发展的实现。在此过程中，专业相关性与群体知识的关联性显著增强，课程体系更加灵活多元，能够动态适应行业变迁与技术革新，为培养具备跨领域协作能力与创新精神的高素质人才奠定坚实基础。

三、提升技术路线的可操作性

在迎接知识生产模式Ⅱ的转型挑战中，专业群课程体系作为培育复合型技术技能人才的基石，亟须实施深度革新。这不仅意味着要剥离技术知识，打破专业壁垒，还需削弱意识形态对技术知识体系的过度影响。核心在于重构课程知识架构，探索并开辟前所未有的知识，促进跨学科知识的有机融合与深度整合。通过这一过程，课程体系将更加贴近实际需求，提升技术路线的可操作性，为培养具备广阔视野与创新能力的技术技能人才奠定坚实基础。

（一）解构知识体系

高职专业群，作为知识密集型组织系统，在知识生产模式Ⅱ下，正经历课程体系逻辑的深刻转变。基于此，致力于构建以应用型人才培养为核心，融合异质性技术知识，并强化内部权力主体驱动的课程体系，以更好地适应新时代的发展需求。

1. 目标转向

高职院校专业群课程体系在由知识生产模式Ⅰ向模式Ⅱ的深刻转型过程中，其目标设置也发生根本的变化。以往的课程设置倾向于把专业的理论和实际的知识分离开来，使之成为一种中立且普遍化的知识体系，与快速发展的产业需求之间存在明显脱节，而就业壁垒成为制约人才培养质量的一个重要因素。知识生产模式Ⅱ的兴起，突出知识的开放与可应用性，这就需要专业群课程体系随着时代的发展而不断突破传统的架构，以适应复合型技能的综合发展需求。在这样的背景下，单纯地依赖于科技理论中的知识逻辑去引导课程的设计显得力不从心。由于缺乏对产业真实需求的准确掌握与回应，极易造成受训人员所掌握的技能并不具有实际应用价值，且难以应付日趋复杂多变的专业岗位。所以，专业群应该主动地调整自己的战略，重视不同产业的需要，以特殊产业的科技知识为基础，设置相关的课程，并增强其实际运用价值。基于此，加强与产业的交流与协作，促进企业在知识生产中的创新与提升。约翰·吉本斯（John Gibbons）等人认为，在培养自己的知识能力的同时，也不能忽略社会实践与问题解决能力的培养。在此背景下，产业组织也应主动收集并改编具有产业价值取向的知识，并对其进行整合，从而实现产业需求与专业群体课程知识结构间的最优平衡。这既是一次新的课程改革，也是一次对高职教育思想与实践进行深刻思考与重建的过程。

2. 技术转向

随着知识生产模式由模式Ⅰ向模式Ⅱ的演进，高职专业群的知识体系构建带来新的挑战与机遇。传统专业群知识体系仅限于在一个产业或技术链条中的同质思维，呈现出相对封闭、零散的知识架构，很难对产业中复杂多变的技术变化做出有效的反应。但是，随着知识生产模式Ⅱ的兴起，跨学科的、异质的技术知识已经成为专业群发展的一个重要选择。面对行业发展的新需求，专业群应打破传统的知识架构，主动探讨跨界知识的融合方式。这既要求各学科的知识能够有效地融合，又要求对其实践价值进行持续检验与提升。但是要注意的是，知识生产模式Ⅱ的转型并不意味着对模式Ⅰ的全面否定。相反，它是对模式Ⅰ的继承与超越。正如约翰·吉本斯等人所强调的，模式Ⅱ将继续汲取模式Ⅰ的精华，并在其基础上进行拓展与创新。因此，在专业群的生成与发展过程中，应坚持同质性技术知识改造的完整性与系统性，同时融入异质性技术知识改造的多样化、综合化和应用化特点。这样既能保障传统知识生产观的稳健传承，又能推动专业群知识体系在新时代背景下的全面升级与转型。

3. 主体转向

随着知识生产模式的转型，专业壁垒与界限日益模糊，促使专业群内的知识生产权力主体主动变革知识生产方式，积极探索并构建适应新时代需求的新知识体系。这一过程不仅增强了内部驱动力，也推动知识体系的持续创新与优化。推动专业群权力主体的内部动力来自两个方面。一是行业发展的需求使得专业知识主体对其进行解构。建构主义是专业团体成长的基石，能促进各利益主体的交叉协作，能促使各利益相关者紧密协作，使专业团体得到更好的实现。为社会经济发展和科技创新服务。二是时代发展的任务要求专业群知识生产权力主体必须具有知识与创造的能力，这也是社会发展的需要。随着知识生产方式的转变和发展，专业群知识的解构已经成为一种重要的驱动力量。

（二）建构课程体系

在知识生产模式Ⅱ的推动下，高职专业群课程体系的构建需跨越学科界限，融合异质知识，紧跟产业技术新动向。其目标聚焦于服务产业变革的应用情境，旨在通过课程体系的动态调整与创新，促进知识融合与产业发展的深度互动。这一过程不仅要求课程内容紧贴产业前沿技术，还需要与知名企业紧密合作，共建特色产业学院，确保学生获得紧贴市场需求的实践技能与解决方案能力。

1. 目标样态

服务产业转移的范畴情境。知识生产模式Ⅱ的出现，将推动知识与行业发展的交互、共生。当前企业面临着复杂多变的产业环境，面向产业变革，将知识整合到企业团体教学中，以满足产业变革的需要。在专业群课程体系中加入最新的产业技术，对专业群课程体系的内容进行适时的更新，并与著名企业合作成立专门的产业研究院，向学生传授企业实际需要的技术知识，并为企业提供具有实际应用价值的产品设计方案。所以，高职院校课程知识集成的状况，要与产业的实际状况相适应，将知识融入工程课程之中，从而构建一个完整高效的行业团体知识网络。基于此，将产业应用与课程系统有机结合起来，把前沿的产业创新技术与人才培养需求结合起来，形成专业群的课程体系，让学生更好地进行生产实践。

2. 技术样态

在知识生产模式Ⅱ的引领下，专业群课程体系融合的核心是推动技术知识的深度交叉与融合。这一转型要求摒弃传统知识生产的孤立模式，转而采用跨学科的合作路径，精心编排与整合专业基础与课程资源，构建起一个内外协同、逻辑严密的知识网络体系。面对产业转型升级的迫切需求，专业群不再局限于单一的人才培养功能，而是致力于打破专业间的界限，以更加灵活和包容的姿态迎接产业界的变革与挑战。在保持专业基础与核心课程完整性和系统性的基础上，积极探索综合性、跨学科的专业拓展课程，以及贴近企业实际的项目实训课程，旨在培养学生解决复杂产业问题的能力。专业群课程体系融合的关键在于技术知识的深度融合。基础课程与核心课程的设计需紧密围绕产业应用价值，确保学生既能深刻理解技术理论，又能熟练掌握实践技能。而专业拓展课程则应避免简单的课程堆砌，应真正实现多学科知识的有机融合，以应对真实产业环境中的复杂技术问题。此外，企业项目实训课程应模拟真实工作环境，利用先进实训平台，帮助学生搭建理论知识与实际问题之间的桥梁，提升其实践操作与创新能力。通过这一系列举措，旨在消除专业内外的发展障碍，打破传统专业规训的束缚。同时，需保持对专业群技术知识更新的高度敏感，紧跟产业发展趋势，动态调整课程内容，确保专业群教育的前沿性与创新性。

3. 主体样态

在知识生产模式Ⅱ的变革中，专业群课程体系的建设亟须打破单一主体界限，积极融入多元化知识生产主体。除高职院校的核心作用外，深化与企业、行业、政府等多元主体的合作成为关键。这一融合决策不仅为学生搭建接触真实企业项目、领悟技术理论与实践的桥梁，还促进了学生对专业群适应社会发展的深刻理解，提升了职业素养。课程体系的每个环节要确保决策的全面性与科学性，进而既响应多元主体对课程知识融合的期待，也精准对接产业发展对职业教育课程内容的实际需求。构建以专业群为核心的高职院校内涵式发展体系，需打造覆盖全周期、全过程、全视角的课程集群，真正实现多主体共治共管。在此过程中，需综合考量区域经济特色、政策导向及文化背景，将企业、行业、政府等多元主体的智慧与资源深度融入课程建设，吸纳前沿技术知识，增强专业群服务社会的效能，实现知识生产主体间的深度协作与共赢。通过这一系列举措，旨在打造出一个更加开放、包容、高效的专业群课程体系，为培养适应未来社会需求的高素质技术技能人才奠定坚实基础。

（三）重构课程组织

以高层次专业群为核心，构建高层次专业群的课程序列是构建高层次专业群的关键，要以技术问题为基础，以课程知识重组的意义为基础，以全过程视野为基础，建立各专业之间知识、技术和方法的深层次、系统性连接。用新的知识体系和技术手段对技术问题进行系统化的解决，在专业群中实现课程结构重组的总体价值。

1. 目标指向

跨越知识边界建立知识网络。在转变知识生产模式Ⅱ的背景下，以企业内外部科技知识资源为基础的专业群课程结构重组，提高企业核心能力。由于其对工业发展的重大影响和对复杂技术问题的创造性解决方案，重建课程组织成为人类社会知识生产的一条重要途径。专业群的课程结构重组以突破已有的专业界限为目标，促进科技知识的综合化和横向融合。巴兹尔·伯恩斯坦（Basil Bernstein）的边界理论强调跨界重组不同类型知识的特征与优势，他认为强分类专业课程知识的重构需要多主体之间密切的互动和协作。专业群课程结构的重组，其目的是要打破知识界限，建立一个不受传统专业线性生长或分裂的知识网络。在专业集群内，技术知识结构复杂多变，兼具异质性与弥散性。重构此知识体系，旨在编织一张囊括多样技术知识类型的网络，关键在于深刻理解和把握每类技术知识的本质属性，以实现知识在多维度上的灵活变换与重组，构建出更加综合与动态的知识架构。在不同的专业课程知识体系中，各守门户、扞格不入的状况下，与专业群通过一条产业链或技术链的方式来与其他专业进行融合，也与超学科专业群超越所有专业的知识解释系统相区别，专业群课程组织重组的关键是充分利用群体内的课程模块之间的联动和集聚作用。按照培养目标，要构建“平台+模块”的课程体系，反映出专业协作的方式。针对具有综合性和复杂性的现实技术问题的解读和处理，基于专家的视角，重新构建专业内部的知识网络，在新的技术问题导向下，构建相关的知识网络。

2. 规则指向

威廉·纽厄尔（William H Newell）等强调，只有复杂的系统问题才能满足专业群的需求，这就意味着，专业群的产生不再是一个单纯的知识产出，而是一个富有内涵的问题域。在知识生产模式Ⅱ的转型驱动下，知识创造的源泉已转向针对具体技术问题的实践解决，而非传统的技术知识纯粹思辨。此转型促使了知识在持续创新中不断衍生，加速了技术知识的迭代更新。面对日益变化的行业环境，专业群课程设计需紧密围绕未来职场中的核心任务与工作流程开展，以此为导向，深入实施课程改革，确保课程内容与未来工作需求无缝对接。摒弃了以职业为基础建立课程系统的传统做法，转而将工作任务的完成与技能知识的内化作为其基本逻辑进行了重新建构。知识生产模式Ⅱ需要更多、更高的技术知识来为工作环境提供更好的服务。加强这些知识的使用价值，让技术创新和行业需要紧密地联系起来，从而使产学研的专业群中的课程知识得以良性的运转。跨越传统知识生产模式对具体技术知识的范畴和壁垒，将其转化为工作情境中的技术性问题，寻求对特定的技术问题的求解和创新。建立多层次、多学科交叉融合的专业群体的知识网络，体现出横向贯通、纵向衔接的重组原理，包括多个源头的科技知识的维度选取。根据特定的工作情境要求，从技能的使用价值入手，将其放在技能问题的求解上，将各领域内部的逻辑联系起来，让他们能够更好地了解技能理论知识的内部逻辑以及技能经验的引导作用。与此同时，还将技能大赛和职业技能等级认证等特定的知识进行了处理和重构，建立了一套专业性、技术性和应用性的交叉学科的课程体系，将它们的跨学科思想发展起来，让它们能够将跨学科的知识进行整合，来解决一些比较复杂的技术问题。另外，也要立足于企业的生产实际，把企业的生产实际与教育实践有机地联系起来，利用现实或者虚拟的生产环境来进行课程的教学，以企业特定的生产技术问题为指导，对多个制造过程中的技术知识进行重组，指导同学们通过专业群的基础课程和交叉学科的学习，在现实的技术情景下解决技术问题，从而对技术知识和技术问题的理论和实际操作有更深刻的认识，并逐渐养成对技术问题进行分析、解决技术问题的技术运用和创新能力。

3. 主体指向

实现三螺旋异构代理的交互作用。专业群课程重组的决策，不仅是学科群建设的一个重要内容，更是其未来转型的一个重要制度保证。知识生产主体是专业组课程组织决策中最重要、最基本的问题，它直接影响专业群课程结构调整的质量。随着行业的发展，专业群产生的影响越来越大，企业也越来越多地成为其中的一个重要组成部分。因此，专业群课程组织重构需要实现三螺旋异质主体的互动协作，使它们对未来的指导方针开放，并鼓励自我调节。专业群课程组织重构的决策机构是多样化和异质的，要协调好学校教师、企业专家和政府管理者三个层次上的异质性主体的参与。他们的身份存在着一定的差别，他们所代表的领域不同，价值立场也不同，他们的利益诉求也不尽相同。因此，在对课程组织进行结构调整时，将会有不同的视角。鉴于主体的异质性，需要对专业群的课程目标、内容和评价进行统一，使教学规范与评价规范达到统一。而专业群自身又是一个由多个主体组成的知识组织体系，因此，它的课程体系的构建也必然会表现出专业多样化、知识体系综合化和动态组织方式的特点。要全面考虑到多个异构主体的协作效果，对其内部代理进行持续的调整，从而保证专业群中的知识生产者之间的交互协作能够得到最大限度的发挥。

四、增强专业群组建的规范性

专业群的概念，其灵感源自经济学领域的“产业集群”理念。这一理论指出，产业集群并不只是一个具体地区中有关行业的简单组合，它还是一个相关行业中的各个元素，持续地交织、耦合而成的一个有机体。在这个过程中，能够让群体内部的生产要素得到完全的分享，从而使它们能够展现出发挥集聚效应和溢出效应。所以，高等职业院校专业群并不只是几个高职专业的数量的简单叠加，它还是一组优势互补、资源共享、结构有序的专业或专业方向的有机组合。高等职业院校专业群的构建，就是要充分发挥这种集聚效应，充分释放职业教育的潜力与效能。基于产业演进的宏观视野来审视，根据市场的需要和行业的发展趋向，对高等职业院校的专业群进行系统的安排，具有集约性、整体性和适应性等基本特点。产业集群的优点就是可以通过集聚效应来实现资源的分配和最大化的收益。因此，在这一点上，高职专业群经过了集约的发展，将群中的各个专业进行了最优的组合。在这个过程中，可以对本地区的教育资源进行合理的分配，减少高等职业院校的运营成本，提高其运作效率，最终实现高等职业院校的人才培养规模与效率的最大化。职业教育是一种与地区工业发展密切相关的经济和社会性质的教育。相对于普通高等教育的学术性和应用性，高职教育的职业导向性，要求其专业建设务必紧密贴合行业动态，而专业群的核心正是这些与产业紧密相连的专业单元所构成，这一特点也决定了专业群的建设必须为行业发展服务的基本逻辑。随着近年来科技革命的持续深化，大数据、人工智能及区块链等前沿数字技术正逐步渗透并重塑着各行各业的发展格局，使国家进入了产业结构转变的关键时期，对复合型技能人才的需求也越来越大，产业发展推进人力资源供给侧结构性改革的呼声日益高涨。其中，教育体系作为纽带，桥接人才培育与产业生产两大环节。教育体系与人才发展路径共同构筑了人才供给的基石，而产业生产链与人才链则携手定义了人才需求的市场导向。人力资源供给方面的结构性改革旨在缩小人力资源供求差距，不断提高教育链人才供给与产业链人才需求的匹配水平，培养人才以满足产业发展需求。“增强职业教育适应性”是当前职业教育研究领域的热点。提高高职院校的适应能力，提高高职院校的社会贡献，促进高职院校高质量发展。目前，我国高等职业教育的发展已由“一市一地”转向为该地区的整体社会经济发展服务。所以，要想提高高职教育的适应能力，就必须在更大的区域内，考虑到整个地区的经济和社会特征，以及宏观发展的政策。要跟地区工业的需要进行精确的结合，让高职院校的人才供应水平持续地提升。高职院校的专业群建设，应该始终将教育链和产业链的对接程度作为重点，对群中的专业进行持续的调整和优化，使之成为一个与产业链、创新链紧密相连的专业群。这样，才能更好地为地区产业的发展提供更好的服务，同时能促进高职院校的优质发展。“双高计划”是目前我国高等职业学校建设发展的一个阶段性目标，它将重点从单纯的人才培养转移到了宏观的行业发展上，这一趋势为高职教育的内涵深化奠定了稳固基石，因此，与行业动态紧密协同，无疑是打造顶尖专业群不可或缺的路径。专业群与产业发展的协同机制深刻体现在双重互动上：其一，产业结构的转型升级为高职教育专业群的构建与升级注入了核心驱动力，引领着专业方向与内容的革新；其二，专业群内部专业的布局与调整，作为一股积极力量，深刻影响着产业结构的优化路径与升级进程，促进了产业向更高层次、更合理结构的发展方向演进。

（一）产业升级转型：高职专业群建设的核心驱动力

产业转型升级对高质量人才的需要，是建立高职院校专业群的外部动力；高职院校的专业群同样具有自己的集群优势，它的规划和建设是主动承接了目前工业升级的需要。产业转型升级，作为向高附加值与集约型发展模式迈进的关键进程，能够显著推动行业进步。它包含了产业结构高级化，资源配置市场化，产业发展方式集约化，产业空间结构聚集等一系列问题。目前，我国正处在一个产业转型升级的关键阶段，其内涵与外延都在扩大，产业链的上下游发展也在逐步深入。这就导致了行业对于技术与创新的更高要求，这迫使职业院校根据行业的发展来调整自己的人才培养结构。在经济学中，产业集聚已经成为一种常见的经济现象，其创建的根本目的就是让一个地区的企业和组织通过集合来构建连接，从而实现对生产要素和市场信息的共享，降低信息费用，实现规模效应。随着产业转型升级，区域产业集聚发展，各生产环节、各工序的生产技术相互交融，然而，将资源共享作为产业集群发展的起点，在集群发展的过程中所产生的创新思维，则成为后续行业发展的根本动力。所以，培育人才的创新思维显得尤为重要。首先，技术创新的主要力量是人才，随着产业的转型升级，对技术技能人才的需求也越发高端化、创新化，这些人才需兼具卓越的学习能力、创新能力与实践能力，以应对行业变革的新挑战，基础是更多的知识储备，更宽广的专业视野，以及更强的专业技术运用能力。同时，产业的发展也为职业院校的专业群的构建创造了基本的条件，产业的发展既能带来群体的集聚，又能带来经济的增长，为建立专业群提供充足的资金、政策和公共服务。其次，高职院校作为供给人才链条上的“重要阵地”，肩负着为行业转型升级而培养具有高素质、创新能力的人才的重大社会职责。但是，由于传统的单项专业建设费用高昂，对行业发展的认识滞后，以及片面追求“大”“全”等原因，造成了专业结构的同质化。与传统的单专业建设相比，专业群构建的核心在于促进专业间的优势互补、资源共享，并确保整体结构的有序与协同，以此实现教育资源的最大化利用与效能提升。在专业群中，各个专业的集约化发展，通过优化资源配置与专业协同，能够显著提高资源利用效率，并能够有效控制建设成本，实现经济效益与资源效益的双赢。它有着特殊的规模效应和集聚效应，可以很好地满足行业转型升级对人才的需要。另外，在专业群的框架下，相似或不同的专业之间进行集群，通过多学科的交叉，可以对传统的学科边界进行有效的突破，从而实现对知识体系和教学资源的共建与共享，强化专业知识的综合连贯性，构建系统化的知识体系，以提升学生的专业认知边界，拓宽视野广度，从而构建起一个完整的知识体系，同时能将学生的综合素质与核心竞争力结合起来，为我国经济与社会发展培养并输送更多具备全面素养与专业技能的复合型人才。

（二）专业群专业结构影响

在产业结构优化进程中，教育尤其是高等职业教育的经济效能凸显，成为社会经济前行道路上的关键驱动力。相较于普通高等教育，高职教育展现出更为鲜明的专业特色与明确的学习导向，使其对工业发展的影响力更为直接且深远。创新与人才，作为产业链升级的核心驱动力，是现代工业体系不可或缺的要素。工业链条广泛覆盖设计、采购、制造、物流、销售等多个环节，其背后依托的是以知识与技术为基石的专业化分工。然而，知识与技术本身非直接生产力，其需借助创新与人才的力量方能转化。探讨职业教育集群与工业发展的互动关系，聚焦于职业群体的行业与职业构成、工业集聚态势、区域职教发展动态、专业结构与工业结构的适配性，以及工业结构变革下的人才需求变迁。作为区域工业需求的风向标，职业教育通过科学构建专业体系，精准匹配产业发展的人才需求缺口，有力推动区域产业结构向更高层次优化与升级，为经济社会发展注入强劲动力。反之，若专业结构失衡，则可能成为产业升级的桎梏。为实现职业教育与产业结构的和谐共生，需同步调整专业目录与产业目录，确保专业布局与产业空间布局相契合，人才供给紧贴市场需求，培养层次与水平同步提升，资源配置高效优化。在此背景下，职业教育群体不仅扮演着新兴产业的孵化器角色，通过灵活调整专业设置，助力地区经济转型与产业升级，更是技术创新与应用的先锋，依托研究成果的转化应用，成为推动地方工业技术革新与产业升级的关键力量。

第四节　高职财经商贸类专业群育人模式体系建设

一、课程体系建设

专业设置作为人才培养质量的基石，其合理性直接关系到学生适应产业发展需求的能力。因此，专业设置需紧密跟随产业发展步伐，确保教育内容与行业趋势相契合，同时发挥教育的前瞻性，引导并促进产业进步。面对新兴产业，专业设置应基于严谨的科学评估，避免盲目跟风，以保障人才培养的高质量。此外，专业设置还需融入区域整体规划视角，促进校际合作，避免资源重复配置，提高资源利用效率。专业设置流程可细化为前期筹备、中期实施与后期优化三大阶段。为精准对接产业需求，学校在专业设置之初即应组建专项调研团队，深入探索相关行业与企业动态，明确专业定位。随后，通过实地探访与交流，深化学校与行业企业的合作纽带，确保教育紧贴产业实际。行业企业应积极贡献其行业洞察与数据支持，为学校提供丰富的一手资料，助力学校形成对行业全面而深入的理解。在充分掌握行业现状的基础上，学校应整合资料，将产业发展趋势融入专业规划之中，并邀请行业专家参与论证，提供专业视角与建议。同时，构建敏捷的专业动态调整机制，确保专业设置能够紧跟产业发展步伐，灵活应对市场变化，实现教育与产业的深度融合与协同发展，为专业的持续发展奠定坚实基础。

（一）“核心专业引领+灵活方向拓展”的专业布局策略

该专业设置策略赋予学校高度的灵活性，便于动态调整专业布局，明确核心专业，围绕其衍生出多样化的专业方向。这些方向能够迅速响应产业变迁与企业需求的细微变化，展现出极高的适应性与敏捷性。以物流与服务专业为例，随着物流行业的蓬勃发展，新兴领域如冷链物流、药品物流等应运而生。在此情境下，中职学校无须改变物流与服务专业的主体框架，即可灵活增设冷链物流、药品物流等特色专业方向，确保教育与产业前沿保持同步。专业设置既定后，学校应建立一套完善的评估机制，定期对现有专业进行多维度审视，包括与产业趋势的契合度、区域经济发展的协调性，以及用人单位的实际需求满足度等。通过这一机制，学校能够及时发现并调整专业设置中的偏差，确保教育资源的高效配置与专业的持续优化，为产业发展输送更加精准适配的人才。

（二）课程建设融合校企共同开发课程资源

学校以课程为载体，传授知识，提高学生综合素质。学生在所学的课程中获得工作所需的知识与技巧。丰富的课程资源能够帮助学生更有效地深化知识掌握与技能提高，企业积极融入课程资源的研发与构建之中，实现教育与产业实践的紧密对接，能够更好地把企业的实际工作中所需要的能力与课程相结合，从而让学生在课程的学习过程中不断地提高自己的能力，以适应企业的需要。课程标准是课程设计和学习过程的基础，也是教师评估教学效果的指南。课程标准既是构建课程体系的基础，又是教师检查教学成果的参考。职业技能标准是指在工作中，企业对员工在工作中所具有的工作能力进行判断和测试的结果。职业教育是为了让学生能够走到企业的第一线，去做一些特定的工作。因此，在制定课程标准的时候，必须按照职业技能标准来设定，把特定的职业技能转换成课程的内容。将职业技能知识与课程内容相结合。职位知识技能是指在特定的工作中，雇员拥有的用来解决工作中的实际问题的知识和技巧，它以课程内容的方式，反映了工作岗位所需要的知识和能力。以中职电子商务为例，中职教师和电子商务企业的工作人员一起来确定教学内容。根据企业对人才的要求和能力，以及产业招聘的特征，一起来设计和选取课程内容。针对中职学生在行业内对电子商务企业的主要要求，采用模块化教学法。根据职业方向，专业课程分为：基本素质模块、专业基础知识模块、技术技能模块、技能实践模块。基本素质和专业基础知识两大类都是以理论性为主，让学生掌握一定的理论知识。技术技能模块和技能实践模块是以提高学生的实践能力为重点的。按照公司对毕业生的不同要求，技术技能模块可以被分成三个模块，让学生们挑选。而且这些模块还能随着行业的持续发展而不断地进行调整。技能实践模块则是和电子商务企业合作的，学生可以去企业或者是在企业的实习高职院校财经商贸类专业群进行实习，让他们把自己学到的知识应用到特定的工作环境中。课程的执行要与工作环境相结合。在教学实践中，教师应创设特定的工作情境，使学生在与工作实际相接近的情况下，在解决问题的同时，掌握课程的内容。构建“情境—项目—任务”课程实施模式。知识被拆解为任务，融入设计项目，再置于工作情境中，形成多层次实训体系。中职财经经贸专业在教学内容上应注重与企业生产紧密联系，首先，以分层次的实习方式来开展教学。在课程层次设立校内专业实训室，让学生进行仿真操作以掌握所学的知识。其次，为综合性的工程培训高职院校财经商贸类专业群，在此过程中，学生可以从对课程的认识提升到对专业的认识与了解。最终，学生们将会在专业群中进行实践，从而对自己的职业有一个更深刻的认识。例如，在电子商务专业的职业学校，“网络营销”课程创建了一个课程级别的模拟学习室，学生可以使用模拟营销文档模拟在线营销。在专业层面，学校引入商业项目，学生在教师的指导下执行真实的营销项目。通过学习营销课程理解电子商务专业。最后，在职业层面，学生可以在与电子商务有关的岗位上进行实习，并在实践中加深对电子商务职业的认识。面对新时代对高素质人才的新要求，高等职业院校必须创新思想，运用新理论和新方法探索新的教育模式。美育赋能专业建设，就是要转变传统的教育方式和观念，将美育与专业的各个方面都结合起来，让艺术和人文思想与专业结合在一起，让专业知识具有更强的吸引力和说服力，从而使该专业的美学得到新的认识。首要原则是秉持并优化马克思主义的美学教育理念。高校美学教育工作要以马克思主义科学的世界观和方法论为指导，形成服务于国家发展战略、顺应历史发展趋势、促进社会文明进步、培养学生身心和谐的总体模式。其次是必须确立全方位育人观念，美育赋能专业建设就是在职业教育中融入审美教育的各个方面。在这个过程中，需要将美育与智力教育深度融合，并同步强化美育与德育、体育及劳动教育的相互协同，旨在全面塑造具备应用能力、专业技能及高素养的复合型人才。最后是坚持以学生为中心的教学理念。美育赋权专业的创建要求学生以学生的成长为导向，学生的个性和潜力得到充分开发。

（三）创新教学，提升美育赋能专业育人的新水平

实现财经商贸类教育与美育的深度融合，课程美育化构建是关键。鉴于职业院校课程紧贴岗位技能需求，当前美育多作为公共或选修课程存在，缺乏与专业的深度融合，难以跟上社会发展步伐。为此，需在遵循财

经商贸类专业育人规律的前提下，对教材体系、课程体系及实践教学进行全面革新，以促进美育与专业的无缝对接。首要任务是精练教材内容，依据不同专业特性，挖掘并融入各自独特的美学视角，如会计的诚信与数理之美，市场营销的礼仪与商品美学，国际贸易中的国际文化风情等。其次，革新教学模式，通过在课堂上发掘美学元素，使抽象理论与实操技能焕发活力，激发学生学习兴趣，不仅增进专业知识掌握，更激发学生对职业与生活的热爱与向往。比如，在讲解拍卖实践中的拍卖策划这一节时，普通学科的教师们着重讲述了拍卖策划的步骤，策划书的编写原理，策划书的重点，以及对同学们进行的竞拍策划的指导。从学生递交的枯燥的标书中可以看出，教学效果并不十分理想。但在经过审美教育的加持后，班级风貌焕然一新，学生们在课堂上展现出前所未有的活力与积极性，课堂氛围显著活跃。学科教师在指导学生完成策划书的过程中，将美育元素有机地结合起来，例如，在进行陶瓷拍卖案例的教学过程中，可以将关于陶瓷的一些有意思的历史知识、各种造型设计的特点，以及工艺美术的制作过程，让学生们享受到了欣赏瓷器的快乐，同时体会到了中国古人的聪明才智。与以往的策划书不同，在课程的教学过程中，通过审美的手段，将物品的特殊价值融入了学生的任务书之中，将物品的特殊价值体现出来，这样一份有血有肉的拍卖策划书，在模拟拍卖会上激发了竞拍者的热情。最后要实现实践性教学的优化。高职教育以培养实用型人才为根本目标，在实训教学方面拥有较多的资源与优势。与诸如加工产品、机器操作等工程专业技能的标准化相比，金融贸易类专业的岗位技能表现出了一种柔性化的特点，它要求的技能和经验并非标准化，而是一种为人服务的技巧，这就要求从业人员需具备很高的综合素质，包括灵活多变、共情共鸣、表达流畅、抗挫折等多种能力。例如，在讲解超市生鲜经营管理课程中面包陈列一节时，就能使学生们以消费者的身份，亲身体会到面包的摆放艺术是如何影响产品销量的。整洁的环境，柔和的灯光，精美的糕点等，恰当的搭配，有助于激发顾客的购物欲望。因此，审美品位与情趣的提高有助于金融和商业领域的学生更好地理解和履行他们的工作职责。

二、教师队伍建设

教师队伍建设需双管齐下：一方面，积极吸纳企业的行业专家加入教师团队，以丰富教学资源和实践经验，建立专、兼职的教师队伍，聘用兼职教师要有一定的要求，兼职的老师不但要有一技之长，而且要有一颗热爱教育的心。作为教师队伍的一员，在教学过程中扮演着重要角色。另一方面，要提高中小学教师的实际工作技能，他们的实际操作技能与水平对教学质量有很大的影响，从而也会对学生的能力产生影响。教师要与企业相结合，要经常去企业实习，熟悉企业的工作程序，弄清楚企业对人才的特殊要求，把这些知识和自己的课堂教学结合起来。教师协助企业实施工程，并运用自身的专业知识，帮助企业解决实际问题，并在此过程中提高自身的专业技能。例如，教师队伍建设包括两个方面：教师队伍建设和提高教师的实际能力。企业对电子商务专业人员的实际和应用能力提出了很高的要求，根据这一特点，职业学校聘用电子商务专业人员作为兼职教师培训教员，一些综合培训课程由企业人员教授，例如，为选择具有丰富营销经验的企业专家的专业电子商务专业人士提供的网络营销综合培训课程。每学期，安排本专业教师利用假期赴电子商务企业进行实践，以提升其专业能力，从形式上讲，教师可以在企业接受短期培训；教师与行业和企业专家进行讨论；参与企业项目等；在教学内容方面，教师要深入企业中去了解企业对人才的需要状况；工作岗位对从业人员的具体素质要求；

具体的岗位工作流程是什么等。为了优化财经商贸类专业人才的美学素养培养成效，构建一支高素质的教师队伍是不可或缺的核心支撑。财经商贸类专业教师在创建授权艺术教育专业时面临两个主要挑战，一方面，在于观念层面的忽视。职业院校财经商贸类教育领域，教师群体往往聚焦于专业技能的锤炼，将美育视为边缘化元素，未给予充分重视。另一方面，能力结构上的短板亦不容忽视。该领域的专任教师，在专业技能与理论传授上表现比较出色，但在美育知识的储备及学生精神世界的塑造方面，则显得力不从心，缺乏必要的实践经验。为促进学生专业技能与人文素养的均衡发展，构建一支既精通技术又擅长美育的复合型教学团队，成为亟待解决的关键任务。首要策略为启动人才激励机制，构建一套完善的考核与奖励体系，以此激励专业教师与美育专家、社会艺术团体等携手构建教学联合体，共同承担教学任务，促进教育资源与智慧的融合。其次，实施人才培养强化计划，依托国家级、省级等多元培训平台，深度提升财经商贸类教师的审美鉴赏力与人文素养，拓宽其知识视野。再次，实施人才引进战略，积极吸纳具备跨学科背景的高质量教育人才，以丰富教师队伍的多元性与创新性。在此过程中，应尤为重视教师团队的业务精湛与道德高尚并重，致力于培养既擅长专业教学又深谙思政育人的“双师型”教师。教师需将思政教育深度融入课程精髓，以立德树人为核心使命，致力于学生品德修养与性格塑造的全方位发展，将思政教育提升至人才培养的战略高度。针对财经商贸类专业的特性，构建分级分类的教师培训体系显得尤为关键。对于新入职教师，除专业技能评估外，应增设思政教育能力培训模块，通过观摩杰出思政课堂、参与实践研讨等方式，强化其思政教学技巧与理论素养。鼓励新教师自我反思，针对思政融合中的难点与痛点，制定个性化改进策略，形成闭环式的思政教学成长路径。同时，开展课程思政教学技能竞赛，点燃教师将思政精髓巧妙渗透于专业教学的热情之火，促进思政教育与专业教学的深度融合，发掘并推广优秀案例，推动其教学经验在更广泛范围内交流与传承。最后，应深度挖掘网络平台潜力，构建思政课程在线共享资源库，促进优质思政教育资源的广泛传播与高效利用，促进校际教师的相互学习与启发，共同培育出一批具有鲜明思政特色的教学骨干。

三、设施设备建设

当前，随着“示范校”“骨干校”及“优质校”等项目的深入实施，高职院校虽已构建起相对稳固的专业管理体系与运作框架，但专业群构建过程中“同质化”现象日益凸显。此问题根源在于，部分专业群构建时忽视了专业间的内在逻辑与互补性，仅基于既有优势与成果进行简单的拼凑，缺乏深层次的整合规划。此种做法导致专业群名不副实，内部专业间缺乏协同联动，在人才培养路径、教师创新团队建设，以及课程资源优化等方面未能实现有效融合与共享，违背了“双高计划”旨在打造特色鲜明、水平卓越的专业集群的初衷。因此，当前专业群建设的管理架构与运行机制亟须革新。首先，在过往的“示范校”“骨干校”及“优质校”发展阶段，教师团队的核心聚焦于在专业带头人的引领下展开教研活动与教学任务分配，同时需分担诸多行政管理职责，如质量评估、项目审核及自我诊断等，这些工作在一定程度上分散了团队对专业群深度建设的专注力。其次，当前专业群的管理者对于专业群的概念理解仍局限于过往经验框架内，缺乏跨领域整合与创新的思维，导致在构建专业群时往往沿用旧有专业体系，难以突破既有框架的束缚，面临诸多挑战。再次，高职院校的专业群建设实践虽冠以“群”之名，实则仍局限于单一专业内部运作，缺乏跨校际、跨地域的广泛合作与资源共享。为真正体现高等职业教育的独特性，亟须会聚多方利益相关者，共同制定一套既具前瞻性又具操作性的专业群评价标准，以促进专业群的深度整合与高质量发展。专业群中的人才培训计划难以与产业集群进行对接。我国经济发展格局呈现显著的区域差异，东部沿海某些城市经济高度发达，接近国际先进水平，而广大内陆及部分城市则处于发展中阶段，更有部分地区尚处于脱贫巩固期，经济相对滞后。这种不均衡的经济分布直接映射到产业格局上，导致各地产业发展水平参差不齐，这是专业群建设设置的先天障碍。最后，部分高职院校在专业群构建过程中，未能充分认清产业集群与岗位需求对人才知识结构与技能水平的具体要求，校企合作的深度与广度均有待加强。当前，行业企业和社会资源的参与度不高，尚未形成合力共同参与到专业群的人才培养体系中来。高职院校单方面制订的培养方案，往往难以精准对接产业链与岗位链的实际需求，从而制约了专业群人才培养质量的进一步提升。

四、管理制度建设

国家与地方政府层面，应构建坚实的政策支撑架构，以国家政策为基石，强化产教融合模式下人才培养的支撑效能。通过政府政策的精准导向，激发各参与主体的积极性与创造力，确保其在产教融合进程中发挥最大效用。同时，需深化政府在产教融合中的引领角色，构建一套长效的人才培养机制，确保产教融合模式的持续健康发展。此外，还应加快立法进程，将现有的产教融合政策上升到法律高度，为职业教育人才培养营造更加稳固与有利的外部环境。优化财政政策框架，以财政激励促进生产教育深度融合，为企业提供参与职业教育的税收减免等优惠。政府应加大财政扶持力度，确保职业教育获得稳定资金，助力其全面融入教育体系。强化资金监管，保证教育融合专项资金的专款专用，防止挪用。地方政府应依据区域工业特色，将中等职业教育与经济发展紧密联结，实现教育与产业的双赢。行业协会作为行业风向标，应充分发挥其在人才培养中的导向作用，基于对行业趋势和就业需求的深刻洞察，为职业教育提供有力支持，进而推动产教深度融合。首先，行业协会应定期发布行业动态与人才需求预测，兼顾企业成长与人才需求变化。其次，明确行业人才标准至关重要，针对部分行业标准模糊的现状，需确立清晰的专业技能框架，为学校设定培养目标提供精准指引，避免教育与市场需求脱节。再次，行业协会应扮演好“标准制定者”角色，详细界定行业人才应具备的规格与能力，助力学校培养出符合企业需求的高素质人才。最后，在教育管理层面，行业协会可组建专家顾问团，吸纳行业精英与企业代表，深度参与职业学校的课程设计、教学实施及培训资源开发等环节，充分利用其资源优势，为专业建设与培训优化贡献智慧与力量。企业与学校作为产教融合的双核，企业应强化责任感，将职业教育纳入自身发展战略，共促职业教育繁荣发展。双方应携手创新合作机制，从内容、形式、目标至领域全面深化合作，确保企业深度融入职业培训各环节。学校则需深化校企合作，强化技术创新与改革能力，积极发挥优势服务于企业，增进双方沟通与理解。同时，革新教师选拔机制，打破唯学历论，重视实践经验，在专业课教师选聘中优先考虑具备行业背景的优秀人才，以实践导向引领教育创新。

五、培养目标建设

首要任务是整合学生评价体系，使之紧密对接行业或顶尖企业认证标准。以中职物流服务与管理专业为例，评价标准应融合国家物流专业人员规范、专业资质要求及知名物流企业的员工评价标准。构建由企业专家主导的评估团队，打破仅由校内教师构成的单一格局。评价过程中，应超越传统以知识掌握为主的教师评判方式，引入行业员工的实际评价标准与机制，如电子商务行业的评价体系与指标，以全面、实战导向的视角衡量学生能力。评价标准应超越单一课程标准，深度融合电子商务行业就业标准，确保学生评估贴近真实工作环境，从而提升受训学生的行业适应力与竞争力。在学校内，教师依据学生学习状况评估文化课程与基础理论课程；而企业实践环节，学生实践成绩的评定，将采取学校教师与企业导师联合评价的方式，实现理论与实践的双重考量与综合评判，实现理论与实践评价的无缝对接。开发实用教具，强化学习过程管理，构建综合评价体系，旨在激发学习兴趣与主动性。将实践成果与企业就业标准挂钩，促使企业优先录用表现优异的学生，既降低企业选拔、招聘与培训成本，又促进人才高效流动。企业人员的参与，使学生评估更加立体化与多元化，结合职业技能评价，依据专业标准精准测试学生能力，确保评价内容的专业性与针对性。

第六章 “两业融合”背景下高职财经商贸类专业群育人模式创新问题研究

第一节 目标定位存在偏差

一、优势资源捆绑拼凑导致组群逻辑不够清晰

在“两业融合”的大背景下，高职财经商贸类专业群的建设面临着诸多挑战。其中，优势资源捆绑拼凑的现象较为突出，造成组群逻辑不够清晰。一方面，部分高职院校在组建财经商贸类专业群时，过于注重资源的整合，将不同专业的优势资源简单地捆绑在一起，而没有深入思考这些优势资源之间的内在联系和协同作用。例如，将会计专业的实训设备、市场营销专业的企业合作资源、电子商务专业的师资力量等进行拼凑，看似形成了一个强大的专业群，但实际上各专业之间的融合度不高，组群逻辑较

为混乱。另一方面，由于院校缺乏对“两业融合”的深刻理解和把握，专业群的组群目标往往不够明确。在确定专业群的方向时，没有充分考虑产业融合对财经商贸类专业的新要求，只是机械地将相关专业组合在一起，往往缺乏明确的育人目标和职业定位。这使得学生在学习过程中，往往难以明确自己的专业方向和职业发展路径，也不利于培养出适应“两业融合”需求的高素质技术技能人才。

调查分析显示，职业学院特色专业培养方向模糊，致使学生对育人目标满意度不高。学生对所在专业培养目标不明确，限制了专业发展。学生在交流中提到，选择养老专业多因就业率高，却不知具体工作内容。多数学生因好就业选择专业，缺乏对未来职业规划的实际看法，甚至不了解专业职业面向和具体工作。这表明学校在专业培养目标落实上存在认同度不够的问题，学生无法准确判断本专业培养目标和职业定位。笔者认为原因主要在于：首先，在教育教学过程中，忽略了对教学内容的传递与执行。我国大部分高校积极探索并形成了独具特色的“双院合一，三师协同，三制互动”人才培养模式。采用“院—院”二元模式，构建“院+院”“双院制”人才培养模式，融合院系和职业院系两个育人中心，致力于重点突破当前高等职业学校普遍存在的忽视人才质量发展难题。建立以“素质培养+劳动教育+审美教育+第二课堂”为核心的“素质+职业”培养体系，强化“通专结合”的培养导向。学校坚持素质与专业相融合的出发点值得肯定，联合辅导员将思政和素养教育有机结合起来，把辅导员融入学院管理，使其承担思政和素质教育重任。如此一来，与学生关系密切的班主任等教师的工作压力增大。教师们虽每日忙碌，却难以确保在实践中充分发挥作用。其次，为加强管理，有不少私立学院大多采取军事化方式，为学生规定晚自习、跑早操、内务军事化等各种制度，使学生忙得不可开交，根本无暇关注自身专业和技能发展等核心综合能力的提升。这在一定程度上可能影响学生的全面发展，也对学校的人才培养模式不利。学校应在加强管理的同时，合理平衡学生的专业学习与综合素质培养，以实现人才培养的真正目标。此外，特色专业培养目标自身存在滞后性问题。专业目录作为职业教育教学的基础性指导文件，是专业设置、招生以及用人单位选用毕业生的重要依据。但是，每一次专业目录的修订，都反映出社会经济的发展变化趋势。产业结构的调整、科学技术的变革以及社会职业分类的变化，均对职业教育专业的设置、调整与升格产生着影响。这个新专业的培养目的首先是培养出适应智慧养老的需要的复合型人才，他们需要具备电脑和智慧养老的有关技术，可以将电脑技术运用到智能养老的产品研发以及数据的分析与运用上，同时具备一定的软件开发能力。其次是培养具有医学、护理、管理学和智慧养老有关的知识，并具备在智慧养老有关的方面开展养老服务、资源整合和经营管理的服务和管理人才。在高职院校智慧健康养老服务与管理专业建设中，依最新专业目录将智慧康养贯彻到底，以信息安全与管理专业为依托，利用新一代信息技术产品推动健康养老服务智慧化升级。其目标是打造信息化养老服务系统，需要满足养老需求。目前学院虽组建了相关专业群，但从人才培养方案和课程教学安排来看，未在侧重养老服务知识基础上辅以计算机等专业知识，如信息技术方面可设相关课程。说明国家调整专业目录修改后，学校特色专业培养发展定位有待厘清。

二、核心专业设置同质化导致专业群特色不够明显

专业特色化发展是高职院校专业建设主动顺应区域发展的有效举措，同时是高职院校在可持续发展进程中获取竞争优势的根本动力。必须承

认，高职专业特色的形成与发展离不开区位优势、资源优势以及行业优势。以服务当地经济发展需求为准则，逐步推进特色专业建设。

（一）课程体系更新较慢

部分高职学校的财经商贸类专业所开设的课程，与十几年前相比可能并无明显变化，这一现象极为不科学。在当今时代，每一个行业都随着时代的发展呈现出新的要求和趋势，相应的课程设置理应与时俱进。

如果在课程设置方面故步自封，那么这与产教融合人才培养模式的理念和目标背道而驰。以电子商务专业为例，该专业与互联网技术的发展紧密相连。从最开始单一的产品销售模式，逐渐发展到如今整合线上线下供应链的趋势。在电子商务活动产生至今的十几年时间里，这一领域的发展可谓日新月异。然而，有的高职院校可能还沿用着陈旧的课程体系。此外，在这样的课程体系下培养出来的人才，必然落后于时代的发展。

如今的电子商务行业，不仅需要学生掌握传统的营销知识和技能，还需要他们具备数据分析、社交媒体营销、跨境电商运营等多方面的能力。如果学校不能及时调整课程设置，那么就会造成高职院校的学生们无法接触到这些前沿的知识和技能，在毕业后进入职场时就会面临巨大的挑战。此外，课程设置的滞后还会影响学校的声誉和竞争力，使得学校在人才培养市场中逐渐失去优势。为了避免这种情况的发生，高职学校应密切关注行业动态，定期对课程进行评估和调整，确保培养出的人才能够满足行业的需求。

（二）课程模式仍以学科体系为主导

部分高职学校的财经商贸专业仍然是以学科体系为主导，在专业系统的架构下寻找与行业、企业、职业岗位之间的关系，造成了学生所学的知识与实际工作中的实际情况脱节。以学科系统为构架的课程结构，其教学内容呈现出“平行结构”，即教学内容并非以工作流程的次序进行编制，而是以学科从浅到深的次序向学生进行明确的教学，这样的以学科体系为主的教学方式已不能满足专业与工作的需求。职业教育与一般教育是两种完全不同的课程教学模式，这既要反映在培养目的上，也要反映在课程结构上，但是目前有些高职院校的课程设置还沿用了一般的教学模式，没有对其特征进行充分的考虑。

（三）教材质量参差不齐，结构相对滞后

当前高职财经商贸类专业的教材主要都是由学校的理论课程教师来编写，他们缺乏在这个领域的工作经历，所以在实际教学的时候，不可避免地会忽略掉某些现实的工作环境等，这就造成了在编写教科书时，教科书的内容和工作的实践部分有一定的脱节。另外，在一些教科书的编写过程中，缺少课程专家、行业专家、企业等方面的专家的介入和引导，教科书的科学性得不到保障。目前，职业院校的财经商贸类专业的教科书，基本都比较单一，但是，学生在毕业之后，在做工作项目的时候，就要求有一个完整的、系统的知识体系和架构，由于在目前的教科书架构下，一个专业的多个学科之间的知识，会出现一些重叠，所以课本的内容也会出现重叠，但是知识比较分散，增加了学生的课业负担。

此外，职业指导课程内容仪式化。所以有些学校仅仅是出于满足学生的教学需求，学分的需求而设置的，其内容也表现出程式化的状态。职业辅导课程主要包括：教育学生的人格能力测试和判断方法，职业岗位搜寻技能，简历制作技巧，生涯规划书，面试礼仪培训等。这种技能在毕业后

求职时都会使用到，因为其内容比较复杂，如果不对其进行专业划分，那么在课堂上很可能会出现一些笼统的情况。金融贸易类专业的学生可以选择的行业比较广，岗位和职业也比较多，但是，在就业的时候，他们需要根据行业来确定自己的职业方向，不能按照行业划分来进行职业辅导，对他们来说，职业辅导课程就像是拿学分，然后毕业，并没有什么实际的知识。另外，因为有些学校的职业辅导课程采用的是陈旧的教学大纲，课程的内容更新缓慢，或者根本没有更新，课堂上只有一个让同学们观看就业和招聘的电视，有些栏目对专业价值观存在严重的引领问题，既耽误了宝贵的课堂时间，又对树立正确的专业价值观没有帮助。

三、对专业群内涵认知较为浅显导致培养方案不够科学

（一）教学内容和结构较为传统

在当前的高职教育中，对专业群内涵认知较为浅显的问题较为突出，这直接导致培养方案不够科学。其中，教学内容和结构较为传统是一个重要方面。许多高职院校在财经商贸类专业群的教学中，仍然沿用传统的教学内容和结构。教学内容对实践能力的培养重视不足。例如，在会计专业的教学中，过多地强调会计核算、财务报表编制等传统内容，而对财务数据分析、风险管理等现代企业急需的技能涉及较少。

（二）教学条件需要完善

目前，有些院校受自身的条件所制约，或是采用了比较传统的教育方法，或是把理论知识与实际课程划分在了两个独立的课程体系之中，造成了大多数学校的金融与商业类专业的课堂都是分开的，没有一个完整的专

业课堂。这样的教学环境造成了理论与实际操作的严重脱节，使学生不能很好地把理论与实际能力结合起来，不能达到真正的理论实践一体化。

专业群建设不同于传统专业建设模式，双高背景下针对专业群建设的建设理论更加系统化，其建立需要经过完备的理性论证，其关键是要厘清学科群的逻辑路径。而在采访中，可以看到，在专业群的初期设计中，高职院校缺少对区域产业的长期、深度的研究，同时，在政府、企业和高职院校之间，对于产业发展的人才需求和技术需求的信息交流并不顺畅，所以，这些专业的选择，大多是基于其办学的经历和少数有关产业的企业专家的引导和论证，并没有能够很好地掌握区域产业的整体发展和区域产业的人才需求，从而造成了专业群中存在着太多的岗位。与此同时，专业群的建设思路也受到了学校目前的专业的限制，所以必须提高自己的立场开阔自己的眼界，从行业的需求角度来逐渐地将自己的专业结构的逻辑进行梳理，从而对自己的专业结构进行重新的调整。在专业集聚发展的过程中，传统的、只有一种专门的人才培养方式已经无法满足群体发展的需要。在此基础上，在制订人才培训计划时，企业的热情并不高，职业学校把专业群的建设看作一种单纯的专业之间的资源整合，这使得这个专业群很难真正实现校企之间的协作。

（三）专业群建设投入缺乏科学统筹

首先，资金投入方面往往缺乏合理规划。部分高职院校在专业群建设过程中，没有对资金需求进行全面的评估和分析，导致资金分配不合理。一方面，可能会出现某些专业过度投入，而其他专业资金不足的情况。例如，一些热门专业可能会得到更多的资金支持，用于购买先进的教学设备和软件，而一些相对冷门的专业则可能面临资金短缺的困境，影响教学质量和实践教学的开展。另一方面，资金投入可能缺乏长期规划，只注重短期的项目建设，而忽视了专业群的长远发展。

其次，人力资源投入也存在不科学统筹的问题。部分高职院校在教师引进和培养方面缺乏系统性的规划。可能会出现某些专业教师过剩，而其他专业教师短缺的情况。与此同时，教师的培训和发展也可能缺乏针对性，不能满足专业群建设的实际需求。此外，在企业导师的引进和合作方面，也可能存在不足，从而导致学生缺乏实践经验丰富的指导教师。

再次，时间投入也需要科学统筹。专业群建设是一个长期的过程，需要合理安排时间，确保各项建设任务能够有序推进。然而，部分高职院校可能会因为各种原因，在专业群建设过程中出现时间安排不合理的情况。

最后，目前国内高等职业教育对专业群的投资有功利取向，希望通过加大投资来实现短期效益。对专业群投资的评估，重点放在了静态的、外在的指标上，着重于资金的投资与设施装备的投资，忽视了投入经费和资源的科学统筹和精准投放。

第二节　资源共享形聚神散

一、利益问题导致共享积极性不高

服务人员的专业化，这是一个老生常谈的问题：班主任，年级组长和任课教师在担任就业辅导教师时，其学历、工作经验对大学生是否具有实用价值。大部分教师在一毕业之后，就会立即承担起自己的教育和辅导工作，没有太多的工作经历和经验，因此，在进行职业辅导时，他们会更多地用理论和课本来对学生进行指导，而他们获得的专业知识很少，从而会对他们的就业辅导课程感到厌恶，从而产生逃课行为、厌学情绪。因此导致“两败俱伤”，教师难以教导，而学生却得不到有效协助。在专业的工作时间方面，因为教师本身有很多事情要做，所以他们很少有专门的就业辅导课，而在其他时候，要专门为学生进行辅导是很困难的。在服务内容的针对性方面，存在一些问题。部分指导教师由于自身专业与学生专业不同，且相关专业知识储备不足，导致在职业指导咨询内容上缺乏针对性，由于针对外校专家的教研活动较少，企业人员难以抽出专门时间参与教研。目前，在编的教师只要满足资格，就能参与职称的评定，而兼职教师和企业人员的职称评定就比较困难，没有相应的激励机制，学习热情就会大打折扣，所以，企业和兼职教师的发展空间还有待进一步的完善。在一些高校中，作为“双师型”师资的一个重要标准就是取得非师范类以外的其他专业的职业资格，然而，只有取得了相应的资质，才能成为“双师型”的师资，还要让他们有机会到相关专业的企业实习和进修。在选择就业导师时，在选择职业导师时，也要从人品、职业道德、职业水平等多个角度进行考量，宁缺毋滥。

在资源共享的基础上，需要注重校企合作。团队合作教学中，团队为了完成合作教学的目标，提高合作教学质量，教师们积极贡献出自己已有的教学资源，共同构建团队资源网络。通过资源共享，能够激发集聚效应，促进合作教学有效地进行。一方面，教师们在贡献资源的过程中，实现了知识的交流与碰撞，为团队带来更多的创新思路和方法。另一方面，教师个人也能从团队资源网络中获取并吸收丰富的知识，从而快速提升个人教学能力。举例来说，一位教师拥有独特的教学案例，通过资源共享，其他教师可以借鉴并应用到自己的教学中，丰富教学内容。同时，不同教师的教学方法、教学课件等资源的共享，也能让大家互相学习，取长补短。在资源共享的基础上，团队成员可以共同探讨教学中的问题，共同制定教学策略，提高整体教学水平。此外，校企合作也为资源共享提供了更广阔的空间。企业的实践经验和行业最新动态等资源的引入，能够进一步丰富团队资源网络，为培养复合型技术技能人才提供更有力的支持。

在高职教师教学创新团队中，资源共享虽有诸多优势，但也面临一些问题。其一，资源共享导致的利益问题。当教师们共享资源时，可能会涉及个人或团队的利益。例如，某些教师可能担心自己的独特教学资源被共享后，会失去竞争优势，从而对资源共享产生抵触情绪。其二，资源传递阻隔问题。在实际操作中，可能会由于技术手段、沟通渠道不畅等原因，导致资源传递出现阻碍。比如，教学课件的格式不兼容，不同教师可能使用不同的软件制作课件，当进行资源共享时，格式的差异可能使得部分课件无法正常打开或显示不完整，这无疑增加了教师们使用共享资源的难度。而网络传输速度慢也是一个常见的阻碍因素。在如今信息量大且教学资源丰富的情况下，如果网络传输速度过慢，下载或上传一个较大的教学视频、文档可能需要耗费大量时间，这不仅影响了教师获取资源的及时性，也降低了资源共享的利用效率。沟通渠道不畅也会对资源传递造成不良影响。如果教师之间缺乏有效的沟通平台，无法及时了解彼此的资源需求和共享情况，就难以实现资源的精准传递。其三，资源共享理念偏差问题。资源共享型教师通常具有较强的资源共享意识，在团队内公开资源信息使其在合作教学时产生流通，或者为了与其他教师达成合作共赢，与其相互分享资源，形成教师彼此之间的向心力与凝聚力。但在具体操作中，资源共享理念由于不同动机和利益等产生偏差。不同教师根据自身的想法、情感或利益的考虑对共享的资源进行有意无意的筛选。即使共享资源，也因理念不同进入资源的博弈中。有的教师可能更注重自身专业领域的资源共享，而对其他领域的资源关注度较低；有的教师可能只愿意分享一些相对不重要的资源，而保留核心资源。这些理念偏差会影响资源共享的效果和团队的合作氛围，不利于教学创新团队的发展。

二、共享理念模糊不清导致共享方式简单化

目前，院校对区域高等教育资源共享问题的重视程度还远远不够。院校在发展过程中，往往更多地考虑自身的发展，相对忽视了院校总体的发展要求。这主要是因为共享理念在院校中较为模糊不清。很多院校没有充分认识到资源共享的重要性和积极意义，仅仅将目光局限于自身的资源和发展上，缺乏对区域整体教育资源优化配置的宏观思考。资源共享本应是一个多方共赢的过程。通过共享，可以避免资源的重复建设和浪费，提高资源的利用效率。例如，不同高校的实验室设备可以共享使用，既节省了资金投入，又能为学生提供更加丰富的实践机会。与此同时，教师资源的共享可以促进学术交流和教学水平的提高。但由于院校共享理念的缺乏，使得共享方式变得简单化。往往只是在一些表面进行有限的合作，而没有深入挖掘资源共享的潜力。

首先，共同目标不明确。如果缺乏清晰的共同目标，团队成员就如同在茫茫大海中航行的船只失去了方向舵，难以凝聚力量、协同合作。共同

目标是团队成员前进的灯塔，它能够为团队成员指引方向，激发大家的积极性和创造力。然而，在实际情况中，很多高职教学创新团队往往未能明确地确定共同目标，这使得团队在合作教学工作中缺乏统一的行动指南。其次，目标未具体划分，操作性不强。高职教学创新团队在合作教学工作中存在目标未按实际情况制定、修正或分解的问题。例如，促进教学内容与方法的创新改革研究、教学经验分享交流、课程教学资源开发与整合、教师专业发展与传帮带培养青年教师等教学创新团队的宏观目标，没有转化成为具体可实施、可操作的目标。这些宏观目标虽然具有一定的指导意义，但如果不进行更细致更精确的划分，没有规定到责任人和期限，就会导致团队合作教学目标模糊不清。团队教师面对这样模糊的目标，往往会感到无从下手，无法理解也无法执行。缺乏具体目标的指引，教师们在工作中容易出现各自为政的情况，难以形成有效的合作合力。最后，个人目标与团队愿景偏离。在高职教学创新团队中，个人目标与团队愿景的一致性对于团队的成功至关重要。然而，实际情况中常常出现个人目标与团队愿景偏离的问题。每个教师都有自己的职业发展规划和个人目标追求，当这些个人目标与团队的愿景不一致时，就会产生矛盾和冲突。例如，有些教师可能更注重个人的科研成果，而忽视了团队的教学创新任务；有些教师可能只关注自己所教授课程的教学质量，而对团队的整体发展不关心。这种个人目标与团队愿景的偏离会削弱团队的凝聚力和战斗力，从而影响团队合作教学的效果。为了解决这个问题，团队需要加强沟通与协调，引导教师将个人目标与团队愿景相结合，让教师们认识到只有团队的成功才能带来个人的发展。同时，团队也可以通过建立合理的激励机制，鼓励教师为实现团队目标而努力奋斗。

三、共享机制不够通畅导致共享效率低下

高职教师作为职业教育实践的主体，其自身的合作教学素养是高职教学创新团队教学成效高低的决定性因素。从事教学工作第一线的教师大多是从传统教育制度中成长起来的，在学习过程中，他们适应了独自奋战，而在职后的师资培训往往更侧重于个人职业技能的提升，却忽视了对教师协作素质的培养。这就导致教师缺乏协作式教学的观念，进而影响了协作式教学的质量与成效。

首先，教师缺少协作学习的动力。长期以来，“分科教学”“课堂独立授课”等教育模式使得教师习惯独自完成教学任务，缺乏与他人协作的动力。在传统的教学模式下，教师们往往出现各自为政的情况，专注于自己所教授的学科领域，很少有机会与其他学科的教师进行深入的交流与合作。这种独立教学的方式虽然在一定程度上保证了学科教学的专业性，但也限制了教师的视野和教学方法的创新。而且协作教学通常是为了完成个人难以实现的共同目标或较为复杂的群体工作任务。然而，在日常教学中，教师们很难将学生分组并明确各自职责。一方面，教学任务的繁重使得教师们没有足够的时间和精力去设计和实施协作教学的方案。另一方面，缺乏有效的协作教学机制和评价体系，也使得教师们对协作教学的效果存在疑虑。通常只有新入职且缺乏教学经验的教师才会在无法独立完成工作时向资深教师学习、请教。但当他们能够独立工作后，便不再愿意配合与寻求帮助。这是因为在目前的教学环境中，教师的评价体系主要以个人教学成果为依据，缺乏对协作教学的激励机制。新教师在入职初期，由于缺乏工作经验，需要向资深教师学习以尽快适应教学工作。但一旦他们掌握了一定的教学方法和技巧，就会更倾向于独立完成教学任务，以展示

自己的教学能力。这种教师缺少协作学习动力的现象，严重影响了高职财经商贸类专业群育人模式的创新。在“两业融合”的背景下，财经商贸类专业群需要培养具有跨学科知识和综合能力的高素质人才。这就要求教师们打破学科界限，进行协作教学，共同为学生提供全面的教育。例如，在教授国际贸易实务课程时，不仅需要国际贸易专业的教师传授专业知识，还需要市场营销、财务管理等专业的教师共同参与，共同为学生提供更广阔的视野和更丰富的知识。

其次，教师对“协同学习”的理解存在不足。在教学中，教师有时会因对“课堂活动”的重要性认识不够而不愿意主动参与课堂活动。在协作过程中，个体往往过分强调自身对集体的作用，对“给予”与“得到”的相互影响存在片面认识，认为自己的付出多于他人。又因协作成本较高，所以不愿付出相应努力，最终导致合作破裂。此外，有研究表明，在工作过程中，教师所体现出的个人价值导向使得他们在很大程度上不愿配合，而是以自我为中心，并将注意力集中于自身，忽视他人和群体利益。这使得他们的团队意识无法充分发挥，合作教育主体的意愿也随之消失。

高职教师教学创新团队负责人在团队与专业发展中至关重要，其决策影响着团队发展方向、教师合作态度与行动及合作教学开展。实际中，负责人存在问题影响教师合作教学。一是权威强势型管理风格忽略平等合作原则。其管理易以权压人、强制命令，致氛围沉闷，教师不敢发言，违背平等合作，易使合作破裂或表面化。合作教学关键是平等互助、尊重信任、沟通交流，共同解决难题达成教学目标。二是管理方式松懈。合作教学管理应强调集体参与性、正式性、规则性，但目前多依旧例，如签到表等，表面促进参与，实则纪律散漫、监管不到位，致合作空有其表。三是责任分工不明。合作教学分工需恰当，面临任务不对等、不适合教师等问题，导致教师束手无策、事倍功半，合作教学效果不佳。四是反馈问题不能及时解决。团队高效率需快速解决问题，负责人对合作教学重视度、熟悉度、问题把握度及解决能力不足，导致问题频出，影响合作教学顺利地进行。

第三节 产教融合深度不够

一、企业参与专业群办学程度不深

从学科建设上看，随着“产学一体化”的实施，各地高等职业院校的财经经贸类院校纷纷进行了相应的调整，但也出现了一些问题。第一，学校的专业建设缺少统筹考虑；一些院校在专业发展的总体规划上还存在着不足，很多院校都是以现在社会上普遍认同的专业为主，缺乏对专业和行业发展融合性的规划。此外，由于没有从本地区各高校的协调发展角度出发，导致了各地区各高校在学科建设上存在着趋同现象。另外，虽然实施了产教融合的理念，但是在实践中，它表现出来的是一种形式上的融合，而不是实质上的融合。在专业的设置之前，校方都会设立一个专门的行业和企业调研小组，但是这只是一种形式，所组建的调研小组对于企业的实地调研并没有起到什么实质性的作用。第二，一些学校并没有设置系统化的动态专业调整机制。随着我国产业不断转型升级和经济快速发展，新型的经济模式和商业模式也在迅速地发生着改变。经济学、贸易学等学科要与此相匹配，适时地做出相应的动态调整。当前高校还面临着一些问题，即在专业设置结束后，没有按照行业发展的需要，对所设置的专业进行周期性的评价和分析。有些设置了很多年的专业，因为它在课程设置和教师配备等各方面都比较完善，而且运作比较平稳，这就造成了学院并没有对所设置的专业进行行业适应性评价，而事实上，这些专业早就不能适应行业的发展了，所以必须进行专业的调整。缺乏企业在课程构建中的积极作用。当前的情况是，高校非常关注企业参与课程建设，也想让更多的企业加入学校的课程建设之中，但因为企业在与高校的合作中无法找到合适的结合点，导致企业的参与积极性不高，并且缺乏相关的法律保证，使得企业在课程建设中的参与只是表层的。在专业课程资源的发展中，企业的参与度较小，职业教育应当更多地将所学到的知识传授给学生，所以，在发展课程资源时，要对工作的现实有更深刻的认识，而在高职院校中，许多老师对于实践工作的认识还不够。行业专家和企业专家的参与，可以让他们的课程资源更接近于工作中的实际工作，让他们在课程中获得更多的知识和能力。而现实中，大部分的课程资源都是学校在单向的基础上进行的，导致了课程与生产实践的脱节。教学内容与生产实践相结合不够紧密，使学生很难把所学到的理论和实践相结合。在高职院校中重视实训教学，而实训教学的质量无法保证。在组织学生到企业开展实习之前，要和企业进行沟通，从实习的时间到实习的内容，都要根据企业的具体情况来进行，这样就导致了学校的课程设置比较零散，没有形成体系。在学生去企业实习的时候，有些企业为实习生们设置了与他们的专业并不相适应的职位，无法充分地满足他们的学习需求，导致在课程执行中无法实现既定的目的，从而导致了课程执行的质量下降。对学生进行综合素养的培训不够。在大量开设专业课程的情况下，忽略了对学生的一般知识教学。在短时间内，学生们通过大量的学习，获得了一些专业的技能，但从长远来看，这对他们的综合发展不利，因为缺少了人文素质教育，导致他们没有足够的自主思维和创新的能力。

二、群企协同育人体制机制不健全

尽管政府一直在大力倡导“产教融合，校企合作”，然而实际情况却不尽如人意。很多企业并未从长远的发展角度来看待这一政策，对产教融合的认知仍不够清晰，一些企业并不愿意主动与学校进行合作。总结原因，主要有以下几点。

（一）企业自身的压力大，无暇顾及

一方面，经济形势的不确定性使得企业在生产经营过程中需要时刻保持高度警惕，不断调整策略以应对各种风险。举例来说，市场需求的波动常常让企业陷入困境。当市场需求突然减少时，企业的产品可能会出现积压，导致资金周转困难；而当市场需求急剧增多时，企业又可能面临生产能力不足的问题，无法及时满足客户需求。原材料价格的上涨也是企业面临的一大难题。原材料是企业生产的基础，价格的波动直接影响到企业的生产成本。如果原材料价格持续上涨，企业的利润空间就会被压缩，甚至可能出现亏损。同行竞争的加剧更是让企业如履薄冰。而且在激烈的市场竞争中，很多企业需要不断提高产品质量、降低价格、提高服务水平，才能在市场中立足。这种情况下，企业往往将主要精力放在维持自身的生产运营和提高经济效益上，无暇顾及与学校的合作。企业需要投入大量的时间和资源来进行市场调研、产品研发、生产管理和销售推广等工作。对于

与学校的合作，企业可能认为这是一项额外的负担，无法直接带来经济效益。而且与学校合作需要企业投入一定的人力、物力和财力，包括派出技术人员参与教学、提供实习岗位和设备等。对于一些小型企业来说，这些投入可能会对其经营造成一定的压力。此外，企业与学校的合作还存在一定的风险。另一方面，企业自身的发展也需要投入大量的资源。包括技术研发、设备更新、人才培养等方面，都需要企业投入大量的资金和人力。对于一些中小企业来说，自身的资源有限，难以在兼顾生产经营的同时，再抽出精力与学校进行深度合作。此外，企业与学校的合作往往需要一定的时间和成本，包括人员培训、设备投入、项目研发等方面。而这些投入在短期内可能难以看到明显的回报，这也使得一些企业对产教融合持观望态度。然而，企业忽视与学校的合作，从长远来看，可能会对企业的发展产生不利影响。

（二）企业对于产教融合不重视

即便政府注重产教融合，并积极出台推广利好政策，然而，企业并没有从校企合作中获得太多的利益，其最大的优势在于可以从校园中获取相对廉价的年轻的劳动力资源，而这些廉价的劳动力资源也并非无法取代的人力资源，所以即使这些人才出现了，企业也可以重新招募。虽然需要培训新的员工，但其花费的时间、资金费用等都比较低，企业也就不会太关注廉价劳动力资源的培育，校企合作也就没有了积极性。和机械、软件等行业不同，与企业的合作能够为企业带来可观的利润，也能够发展出新的项目，而金融和商业类的专业如果和企业进行合作，那么它所获得的回报就会是隐性的、滞后的。企业始终追求利润，在没有利润的情况下，企业就不会浪费自己的时间和精力去做那些没有多少成效的工作，而且产教融合的政策也没有让企业得到多少好处，所以，企业对这项优惠政策并没有太大的热情，参加校企合作的热情自然也就不高。

（三）企业不愿利益受损

企业在招收学员进行培训和实习的时候，势必要投入一定的人力资源、资金资源和时间等来对此进行专门的安排，这样就会造成一些资源的损失。若让学校教师也参加到企业的教学过程中，则教师的教育观念与企业文化有很大的不同，这就会引起校企冲突，此为第一。第二是金融贸易类专业的毕业生到企业进行实践训练或实践，不可避免地要跟企业的实践工作打交道，而财务、市场营销等部门的工作通常是公司的主要业务，尽管公司并不允许学员们知道一些重要的业务秘密，但是百密一疏，就像是有一些同学在工作上会涉及一些顾客的资料之类，一旦被人知道了，公司势必要承受一定的风险。因此，企业为避免自身的利润受损，校企合作的积极性很差。在企业与学校之间的合作中，企业实际上并没有明确自己在协作工作中的角色，因此，在遇到学生问题的时候，往往会出现失误，对学生的管理也出现了问题，原因如下。

一是缺乏对于学生的相应管理制度。学生的管理问题对于企业而言极具难度。企业不能将学生与普通员工或实习生无差别对待。首先，高职生年龄普遍较小，世界观的建构可能尚未成熟，这使得他们在身份转换上较为困难。学生可能因对企业文化不认同，而对企业的员工管理制度产生抵触心理。企业在面对学生管理时往往无所适从，且没有专门针对学生实习实训的管理制度，在学生管理方面欠缺经验。其次，缺乏对高职生的科学管理制度，会带来诸多隐患。一旦出现某些安全事故或其他矛盾冲突，企业不得不承担较大的责任与风险。例如，在实习实训过程中，如果没有明确的安全操作规程和监管机制，学生可能会因操作不当而引发安全事故。最后，由于学生的心理状态和行为特点与普通员工有所不同，企业如果没有针对性的管理措施，可能会导致学生之间或学生与企业员工之间的矛盾冲突加剧。

二是对于学生的考核评估存在不足。有些企业并没有一个科学的、完整的对学生的实践以及实践的考核和评估体系，也有的企业的考核和评估仅仅重视了学生的某个领域的能力，而忽略了他们在其他领域的专长，所以很多时候，公司的评估都是很主观的。另外，一些企业对学生的考评工作没有给予足够的关注，也存在着敷衍了事的情况。企业不注重考试评估，也不关心学生本身，所以很容易造成同学们在实践中敷衍了事，不能让他们学习到什么，提升他们的整体素质，也会给企业带来一些负面的后果。

近年来，虽然国家一直在推行产学结合的办学方式，但成效并不理想。一些学者认为，目前学校与企业之间的关系还存在着规范性不强、约束力不强、融合程度不高的问题，这些都限制着我国高质量的应用型人才的培养。因为高职教育的职业性和实用性，所以它与行业和企业是分不开的，企业的雇用要求代表着市场的发展趋势，而高职教育对企业的供给情况在某种意义上也能反映出高职教育的结构与市场需要的匹配情况。在企业参与方面，企业深入参与高职教育中，能够使高职院校的专业设置与行业需求相结合，人才培养与行业需求相结合，课程内容与企业工作岗位课程规范相结合，是解决当前高职院校发展困境，增强高职院校的地域适应能力的关键所在。但从当前的发展状况来看，企业参与度还有待提高，具体表现为：第一，在学校与学校的协同运作中，企业在体制、制度等方面都出现了一些问题。例如，企业在企业问题决策和解决问题方面的权力不足，行业组织的职责定位不清，企业获得的经济价值收益较少等，这些都使企业对校企合作的积极性、主动性和创造性产生了不利的影响。在缺乏与之相适应的体制和制度保证的情况下，高等职业教育与企业之间的协作极易出现“悬浮化”。即企业在协作中的参与管理处于悬空状态，所追逐的利润价值报酬处于悬空状态，这使得企业缺乏对企业的工作热情，从而使得职业学校的专业技能人才培训中出现了企业的缺失，而人才的培训标准也出现了偏差，从而造成了合同的“悬空”状态。当企业参加学校和企业之间的合作时，出现的不对称、不均衡的投入—输出关系，会使公司的参与程度受到很大的限制。这也是一种体现，学校之间的合同缺少履约保证，这对于提高高职院校之间的合作方式的规范性，造成了很大的阻碍。第二，从德国“双元制”到澳大利亚的新型学徒制，企业都乐于参加高职教育，这既是因为政府会出台相应的政策优惠，也是为了减轻企业的财务费用。也有一些产业组织在为企业减轻风险方面，也在为企业的经营带来更多的风险。在此背景下，校企结合不仅节省了企业的对外雇用费用，也提升了企业的经营价值与产出效益。

三、专业群服务产业发展能力不足

第一，当前学校专业设置缺乏整体规划。当前高职院校几乎都设置有诸如护理类、机电类等容易就业的专业，这些专业在市场上确实有着较高的需求度，学生毕业后往往能相对容易地找到工作。然而，一些冷门专业却几乎无人问津。这种现象反映出学校在专业设置上缺乏全面的考量和整体规划。一方面，热门专业的大量设置可能会导致人才供给过剩。随着时间的推移，市场对这些专业的需求可能会逐渐趋于饱和，而大量的毕业生涌入就业市场，将面临激烈的竞争。例如，护理专业近年来备受关注，许多高职院校纷纷开设此专业，但随着毕业生数量的不断增加，一些地区的护理岗位竞争日益激烈，部分毕业生可能难以找到理想的工作。另一方面，冷门专业的无人问津可能会造成某些领域的人才短缺。一些冷门专业虽然在当前的就业市场上需求不高，但从长远来看，随着产业结构的调整和新兴产业的发展，这些冷门专业可能会变得至关重要。比如，某些特殊材料加工专业可能在当前较为冷门，但随着高科技产业的发展，对这类专业人才的需求可能会大幅增加。

第二，学校缺乏动态专业调整机制。“互联网+”的背景下，一些经济贸易类的专业将会发生全面的创新和发展，这就需要相应的产业人才。高等职业教育必须顺应这个时期的特点，建立系统的、动态的专业调整机制。通过对日照市农科院校的调查，不难看出，目前山东省的农科院校还没有对工业转型给予足够的关注。金融与贸易类的专业，因其设置时间比较长，且其教学体系较为完善，所以对工业行业变迁的研究很少被列入日常工作之中。由于受自身师资教育背景和科研能力的限制，日照市农业高等职业学院难以随行业的发展而对其设置的专业进行定期的评价和分析，这样的实际造成了学院的金融和贸易专业与目前的经济和社会发展相脱离，不能满足目前行业发展的需要。此外，目前我校的金融与贸易类专业存在着办学方向过于狭隘、教学内容过于单一等问题，难以适应行业发展的需要。从课程体系的角度看，首先，企业的参与程度不高；目前，企业对校园课程的积极性并不高，许多的课程都是由校方自行设定的，这就造成了与市场的不相符。其次，课时占比不平衡。财经商贸专业文化课所占比重较大，缺乏对技能教学的重视，因此，学生无法将其所需的技术完全掌握。目前，由于许多职业学校的金融与贸易专业，在进行专业的设计时，缺乏对其进行全面的设计，没有将其与当地产业相融合，也没有将其与企业进行有效的对接，也没有对市场需求进行充分的分析，只是一味地设置一些具有一定社会认同的热门专业。总的来说，全国各地的职业教育学院的专业设置都很少关注本地区高校之间的相似问题，在专业和课程的相似性方面存在着很大的问题，一味地寻求综合性的专业，而忽视了学校的特色专业与课程的开发。再加上，学院的科研处和对外合作处，因为每天都有大量的工作要做，所以经常沦为一个纯粹的事业性机构，难以适应行业的变革和发展。

第三，企业参与职业教育的能力不强，导致企业配合院校专业的区域适应性建设兴趣不高。伴随着高职教育的快速发展，学生的素质也在不断地提升，但校企之间的深入合作还没有得到很好的解决。企业与高职学院之间没有进行协调和统筹，缺少一个权威的、系统的学校之间的协作标准和指南，这使得校企的进一步深入合作面临着一个严峻的问题。许多企业没有较高的职业教育水平，因此，在有关的专业建设方面，企业无法提供有价值的建议，这就导致了企业对高职院校关注的积极性下降。其实，企业对行业标准、专业工作能力都非常熟悉，能够指导学校在人才培养方案、专业课程教学标准与内容等方面与企业需要及行业标准进行衔接。此外，由于企业能够提供的师资较少，因此，企业参加校企合作的积极性较差，而从企业聘请的具有较多实际操作经验但实际教育水平稍差的教师也是企业参加校企合作的积极性较差的原因。对企业来说，培养教师不但费用高昂，而且训练的效果也难以立竿见影，再加上有可能造成核心技术泄漏等因素，因此，企业并没有大力培养在岗的教师，而且他们的态度也比较负面。这就导致了既能胜任教育教学工作，又能胜任实际工作的“双师型”兼职师资数量偏少。

第四节　师资水平有待提高

一、一线教师参与不足且较为被动

教师团队的实力与水平是教育教学改革的关键，高水平教师队伍是教育质量的保障和学校的核心竞争力。产教融合背景下，对高水平专业群师资团队的结构与能力素质提出更高要求，需发挥结构性优势，且复合型人才培养对教师素质提出挑战，要求教师知产业、懂技术、善教学、能科研。目前高职院校师资在规模、结构、能力及合作机制上需加强和优化，否则难以支撑专业群高质量发展。学院重视“双师型”教师队伍建设，但随着社会经济发展和专业群高端人才需求增加，目前师资在结构和双师素质上难以满足高水平专业群建设需求，且教师队伍管理与引育机制未及时更新配套，导致专业群虽组建之初师资优良，却仍不能满足升级优化需要。

沟通是人们彼此之间进行思想交流、信息和智慧交流的过程，在教师群体中，沟通交流的缺乏会导致群体信任力不足，进而影响教学工作的顺利开展。教师沟通交流缺乏主要有以下几个原因。

其一，沟通焦虑问题。对于部分教师来说，沟通可能会带来一定的焦虑感。在与他人交流时，他们可能会担心自己的观点不被接受、表达不清楚或者引起冲突。这种焦虑可能源于个人性格、过往的沟通经历或者对特定话题的不自信。例如，一位新入职的教师可能会因为对学校的环境和同事不熟悉而感到紧张，在与其他教师进行沟通时表现得较为拘谨。这种沟通焦虑会阻碍教师之间的正常交流，使得信息无法及时传递和共享。沟通焦虑还可能影响教师之间的合作。在教学创新团队中，教师们需要共同探讨教学方法、课程设计等问题。如果存在沟通焦虑，教师们可能会避免参与讨论，或者在表达自己的意见时过于保守。这不仅会影响团队的决策质量，还会降低团队的凝聚力。

其二，信息过滤问题。信息过滤是信息的发出者因为某种目的而有意识地只传递自己想传递的信息，或者只传递对方需要或期待的信息，而将不符合对方期望的信息过滤掉的情况。在团队合作教学中，这种信息过滤现象时有发生，对教师之间的沟通与合作产生了诸多不利影响。在团队合作教学中，教师在进行沟通时会站在自身的立场上，优先考虑自己的利益。这是可以理解的，毕竟每个人都有自我保护的本能。然而，当这种自我保护过度时，就可能导致信息过滤。如果有损自身利益，则会隐瞒一定事实情况。比如，在讨论教学资源分配问题时，某些教师可能会隐瞒自己所拥有的部分资源，以确保自己在资源分配中占据更有利的地位，或者在汇报教学进展时，只强调自己的成绩，而对遇到的问题和困难轻描淡写甚至避而不谈。这种信息过滤行为会破坏团队的信任基础。信任是团队合作的基石，当教师们发现彼此之间存在信息过滤时，就会对他人的动机产生怀疑，进而降低对团队的信任度。信任的缺失会使团队成员之间的沟通变得更加困难，合作也会变得更加紧张和低效。

其三，沟通冷漠问题。在教师合作教学过程中，沟通冷漠是一种较为突出的问题。沟通冷漠表现为一个教师不与其他合作的教师沟通交流，有事情或想法不表达不反映，面对他人或上级询问时采用沉默应对的行为。这种沟通冷漠现象的产生，可能源于多方面的原因。一方面，可能是教师个人性格因素所致。有些教师性格较为内向，不善于主动与他人交流，在合作教学的环境中，也难以突破自身性格的局限，积极地参与到沟通中去。例如，一位性格比较内向的教师可能在团队讨论中总是保持沉默，即使有好的想法也不敢表达出来。另一方面，可能是教师之间存在矛盾或误解。如果在合作教学过程中，教师之间发生了冲突或者产生了误解，而又没有及时解决，就可能导致沟通冷漠。比如，两位教师因为教学方法的分歧而产生了争执，之后便不再与对方交流，即使在工作中有需要沟通的问题，也选择沉默以对。

沟通冷漠对教师合作教学的危害是显而易见的。首先，它会阻碍教学信息的流通。在合作教学中，教师们需要相互交流教学经验、分享教学资源、探讨教学问题。如果出现沟通冷漠，这些信息就无法顺畅地传递，从而影响教学效果的提升。其次，沟通冷漠会破坏团队的凝聚力。一个良好的合作团队需要成员之间相互信任、相互支持，而沟通冷漠会让教师们感到彼此之间的距离和隔阂，从而降低团队的凝聚力和向心力。最后，沟通冷漠还可能导致问题的积累和恶化。当教师们遇到问题却不沟通交流时，问题得不到及时解决，可能会越积越多，最终影响整个教学工作的顺利进行。

二、教师队伍结构不合理

高职院校教师作为高职教育的主导者，其队伍质量是影响高职教育质量的重要因素之一。然而，当前高职院校教师队伍建设却存在一些问题，严重阻碍了职业教育质量的提升。教师队伍结构不合理突出表现在以下三个方面。

第一，数量不足。“双师型”师资对提高我国高职院校的教学质量起着举足轻重的作用，而目前高等职业院校由于自身条件的限制，难以建立起一支“双师型”师资团队。目前，我国高等职业技术学院的教师中，中、高级专业技术人才数量较多，专业人才数量较少，已成为制约我国高等职业技术人才培养质量的一个主要原因。就师资短缺而言，目前我国高等职业教育师资存在着较大的短缺，《高等职业学校设置标准》明确要求学生与师资比例为 1∶20，而目前高等职业教育机构普遍存在着师资短缺的现象。比如，日照市农学院的一些金融与贸易专业，由于师资不足，很难开设，而且有些专业的教师也是由其他类似学科的教师来担任，因此，他们的教学质量并没有得到很大的提高。此外，由于师资的短缺，许多高校都是从社会上招募来的合同工，这些教师都在忙着自己的教育工作，没有时间去提高自己的理论知识和专业能力，这就造成了这些学校的师资水平高低不一，很难保障他们的教育品质。

第二，质量不高。高职院校教师队伍质量不高突出表现在专业教师部分。当前，国家还未出台统一的关于高职院校教师职业能力标准的文件，这在一定程度上导致高职院校教师队伍建设缺乏明确的规范和指引。高职院校在招聘教师时，通常将教师的学历放在第一位。这虽然在一定程度上保证了教师的理论知识水平，但却不能确保教师具备适应行业产业需求的专业技能。在考查专业技能时，很多时候是依靠教师提供的技能证书。然而，技能证书只能在一定程度上反映教师过去的技能水平，却不能保证教师的技能能够实时更新以应对产业发展的变化。面试时由于时间有限，难以对教师的专业技能是否能适应行业产业需求及实时更新以应对产业发展进行科学合理的评估。举例来说，在一些新兴产业领域，技术更新换代非常快，教师如果不能及时跟上产业发展的步伐，就会导致教学内容与实际需求脱节。而且仅仅依靠学历和技能证书来招聘教师，可能会忽略一些具有丰富实践经验但学历不高的人才。这些人才可能在行业中积累了大量的实际操作经验和解决问题的能力，他们的加入能够为教学带来更贴近实际的案例。

第三，教师校企合作参与度不高。在实际教学中，常常出现教师以应付的态度去完成工作的情况，这使得学生实习效果较难达到预想状态。在学生实习过程中，指导教师们没有针对学生的具体问题进行具体分析指导，而是让学生自行操作，指导教师仅仅起到管理作用。此外，高职院校教学工作量大，各类检查评审频繁，专业教师往往无暇顾及产业行业发展，也很难抽出时间真正深度参与校企合作。部分教师虽借学校政策东风能在假期期间赴企业锻炼，但假期时间有限。而且教师长时间远离行业产业，自身能力不足，使得自己无法真正融入企业相关业务核心部分，收获有限。长此以往，教师们很难积极主动参与到产教融合中去。这种情况会带来一系列不良后果。一方面，学生在实习中得不到有效的指导，难以提升实践能力，这对他们未来的职业发展极为不利。另一方面，教师无法深度参与校企合作，就难以将行业的最新动态和实际需求引入教学中，导致教学内容与实际脱节。与此同时，也会影响学校与企业之间的合作关系，不利于双方共同培养高素质的技术技能人才。为了改变这种状况，学校可以合理调整教学工作量和检查评审安排，为教师参与校企合作提供时间保障。企业也可以为教师提供更多的培训，帮助他们更好地融入业务核心，提高参与校企合作的积极性和实效性。

第四，职称结构不合理。高级职称教师比例偏低，难以发挥其在教学指导和科研引领方面的重要作用。而中级和初级职称教师数量较多，可能导致教师队伍在教学水平和科研能力上参差不齐。此外，职称评定过程中可能存在一些不合理的因素，如过于注重论文发表数量而忽视教学质量等，这也影响了教师队伍职称结构的合理性。

三、教师队伍培养机制不完善

专业集群化发展模式下，传统的单一专业人才培养模式已无法适应新的发展需求。同时，基于产教融合发展需求和“双高”建设要求，高职院校必须围绕复合型技术技能人才的培养目标，以产业链岗位群职业能力诉求为依据，与行业企业协同探索专业群人才培养模式。然而，目前行业企业参与人才培养方案建设的积极性并不高。

一方面，行业企业往往更关注自身的经济效益，对于参与高职院校人才培养方案建设可能会觉得投入产出比不高。在市场经济环境下，企业的首要目标通常是追求利润最大化。参与高职院校人才培养方案建设，意味着企业需要投入一定的人力、物力和时间。从人力方面来看，企业的技术骨干若参与学校的教学指导和课程开发，就需要在原本紧张的工作安排中抽出时间。这可能会影响他们在企业的本职工作进度，甚至可能导致一些项目的延迟。例如，一位企业的资深工程师，平时负责重要的技术研发任务，当他参与学校的教学活动时，可能无法全身心地投入企业的项目中，从而影响企业的技术创新和产品开发进度。从物力方面来看，企业可能需要提供一些设备、材料或者场地等资源供学校教学使用。这对于企业来说，也是一笔不小的开支。而且这些投入在短期内可能难以看到明显的回报。企业无法像在市场竞争中那样，通过投入获得直接的经济收益。与此同时，企业也担心培养出来的人才可能会流向竞争对手。企业花费时间和精力参与高职院校的人才培养，培养出了符合行业需求的高素质技术技能人才。然而，这些人才在毕业后可能会因为各种原因选择去其他企业工作，甚至可能流向竞争对手。这对于投入资源培养人才的企业来说，无疑是一种损失。比如，一家制造业企业参与了高职院校的机械制造专业人才培养方案建设，投入了大量资源培养学生掌握先进的制造技术。但毕业后，这些学生可能被其他企业以更高的薪酬和更好的发展机会吸引走，这使得企业在人才培养上的投入得不到预期的回报。

另一方面，学校与企业之间的沟通机制不够顺畅。学校可能不太了解企业的实际需求和行业发展动态，而企业也不太清楚学校的教学模式和培养目标。这种信息不对称导致双方在合作过程中存在一定的困难。举例来说，在计算机专业领域，学校可能按照传统的教学大纲进行课程设置，注重理论知识的传授。然而，企业在实际工作中，更需要学生具备实际项目开发经验和团队协作能力。学校制订的人才培养方案可能与企业的实际岗位需求存在一定的差距，导致学生毕业后需要较长时间的适应期才能胜任工作。又比如，一家软件开发企业提出希望学校能够加强学生在特定编程语言和开发工具上的训练，但由于沟通不畅，学校可能无法及时回应和采纳这个建议，从而错过了提升学生就业竞争力的机会。教师队伍培养机制也存在不完善之处。在专业群人才培养模式下，教师需要具备跨学科的知识和技能，以及与企业合作的能力。然而，目前的教师培训往往侧重于专业知识的更新和教学方法的改进，缺乏对教师专业思维和实践能力的培养。以机械制造和电子工程专业群为例，教师不仅需要掌握本专业的知识，还需要了解相关专业的技术融合点。但在实际培训中，教师可能只是参加一些专业知识讲座，缺乏深入企业实践的机会。这使得教师在教学中难以将实际产业案例融入课堂，无法培养学生的综合应用能力和创新思维。为了解决这些问题，学校可以建立专门的企业联络部门，定期组织教师和企业人员进行交流，了解行业最新动态和企业需求。同时，加大对教师产业实践能力的培养力度，鼓励教师到企业挂职锻炼，参与实际项目开发，提升教师的产业思维和实践能力。例如，教师可能在理论教学方面具有一定的经验，但在指导学生进行实践操作和解决实际问题时却显得力不从心。

第五节 保障机制不够健全

一、治理能力与高质量发展要求尚不匹配

在当今时代，高职院校的发展面临着诸多挑战与机遇。随着社会对高素质技术技能人才的需求不断增加，同样地，高职院校需要不断提升自身的治理能力，以适应高质量发展的要求。然而，目前高职院校在治理能力方面仍存在一些不足之处。

一是治理理念相对滞后，缺乏对现代教育治理理念的深入理解和应用。一些高职院校仍然沿用传统的管理模式，强调行政命令和层级管理，忽视了民主参与、多元共治等现代治理理念。例如，在制订学校发展规划时，往往是由领导班子决定，缺乏教师、学生、企业等利益相关者的共同参与，导致规划可能与实际需求脱节。

治理结构不够完善，决策、执行、监督等环节的协同性不足。在一些

高职院校中，决策机制不科学，存在“一言堂”的现象；执行环节效率低下，部门之间推诿扯皮；监督机制不健全，对权力的制约不够有力。比如，在项目审批过程中，可能由于决策不透明、执行不到位、监督缺失，导致项目进展缓慢，甚至出现违规操作。

二是治理手段较为单一，缺乏创新与灵活性。很多高职院校主要依靠行政手段进行管理，缺乏运用市场机制、法律手段、信息技术等多种手段进行治理的能力。在当今快速发展的时代，单一的治理手段已经难以满足高职院校高质量发展的需求。以教学管理为例，一些学校仍然采用传统的课堂考勤、考试评价等方式，缺乏对在线教学、混合式教学等新型教学模式的有效管理手段。在互联网技术飞速发展的今天，在线教学和混合式教学已经成为教育领域的重要趋势。然而，部分高职院校在面对这些新型教学模式时，显得力不从心。

比如，在在线教学方面，由于一些学校没有建立完善的在线教学平台管理机制，教师在进行在线教学时，可能会遇到技术问题无法及时解决，从而影响教学进度。学生的在线学习情况也难以有效监控，可能出现学生挂机、不认真学习等情况。而且对于在线教学的质量评价也缺乏科学的标准和方法，无法准确评估教学效果。

在混合式教学方面，学校可能没有合理安排线上和线下教学的比例，导致教学过程过于混乱。例如，某高职院校在开展混合式教学时，线上教学内容过多，线下教学时间不足，学生缺乏面对面的交流和实践机会，影响了知识的掌握；在人才培养方面，单一的治理手段也限制了学校的发展。一些高职院校过于依赖行政命令来安排教学任务和课程设置，没有充分考虑市场需求和学生的兴趣爱好。这可能导致培养出来的学生与市场需求脱节，造成就业困难。比如，某高职院校在设置专业时，没有进行充分的市场调研，盲目跟风开设热门专业，结果由于师资力量不足、实训条件不完善等原因，学生的专业技能培养不到位，毕业后难以找到合适的工作；科学研究方面，缺乏创新的治理手段可能导致科研成果转化率低。一些高职院校主要依靠行政手段推动科研工作，没有充分利用市场机制来促进科研成果的转化。例如，学校可能没有建立有效的产学研合作机制，教师的科研成果难以与企业的实际需求相结合，无法实现产业化应用。

二、专业群建设专项资金管理机制不科学

专业群建设对于高职院校的发展至关重要，而专项资金的合理管理则是确保专业群建设顺利推进的关键。然而，目前高职院校专业群建设专项资金管理机制存在诸多不科学之处，严重影响了专业群建设的成效。

首先，资金预算编制不合理。在编制专业群建设专项资金预算时，部分高职院校缺乏科学的规划和论证。一方面，预算编制往往过于笼统，没有对各个项目进行详细的成本分析和效益评估。例如，在购置教学设备时，只是简单地列出设备名称和数量，而没有充分考虑设备的品牌、型号、性能以及价格差异等因素，导致预算金额不准确。另一方面，预算编制缺乏前瞻性，没有充分考虑到专业群建设的未来发展需求和可能出现的变化。比如，在规划实训高职院校财经商贸类专业群建设时，没有预留一定的资金用于设备升级和维护，一旦出现新技术、新设备，就可能因资金不足而无法及时更新。

其次，资金使用过程缺乏有效监管。在专业群建设专项资金的使用过程中，一些高职院校存在监管不到位的情况。一是对资金的支出审批不严格，存在随意性较大的问题。例如，部分项目负责人在报销费用时，没有按照规定的程序和标准进行审批，导致一些不合理的费用支出得以报销。

二是对资金的使用进度缺乏监控，容易出现资金闲置或挪用的现象。此外，在专业群建设专项资金的管理与使用中，高职院校还面临信息公开力度、透明度不足的问题。部分院校在资金的分配、使用详情及项目进展等方面，未能做到及时、全面地向教职工及社会各界公开，这不仅削弱了内部监督的有效性，也降低了外部监督的参与度，使得潜在的不规范行为难以被及时发现和纠正。

再次，资金绩效评价机制的不完善也是当前亟待解决的问题之一。缺乏有效的绩效评估体系，就难以对专业群建设项目的成效进行客观、科学的评价，进而无法准确衡量资金的使用效益。这不仅可能导致资金低效甚至无效投入，还可能挫伤师生参与专业群建设的积极性，进而影响学院整体的教育教学质量。为解决上述问题，高职院校应强化内部控制制度，建立健全专项资金监管体系，明确审批流程与标准，加大对资金使用的审核力度，确保每一笔支出都合理合规。同时，利用现代信息技术手段，如建立专项资金管理信息系统，实现资金使用进度的实时监控与预警，防止资金闲置与挪用。此外，还应加大信息公开力度，提升透明度，主动接受内外部监督，并构建科学的绩效评价机制，定期对项目进行评估，将评估结果作为后续资金分配与项目调整的重要依据，从而不断优化资源配置，提高资金使用效率与效益。

最后，高职院校专业群内涵建设存在管理制度欠缺问题。存在多头管理，未形成合力，各专业仍按分专业管理模式，部分归原学院和系部管理，未基于共同基础平台构建知识、技能共通体系以实现资源共享，形成各自为政局面。专业群内教师也将建设视为领导或部分人员任务。近年来政府重视职业教育，我国职业教育经费总量、财政性经费及高职学校生均公共财政预算经费均大幅增长，中央财政对国家示范性高职院校建设投入专项资金改善了办学条件。但与普通本科教育相比，各地政府对高职教育经费投入仍偏低，我国教育信息化建设中硬件经费占比过高，国内外差距较大。从全国生均公共财政预算教育经费支出水平看，地方普通高职高专学校远低于普通本科学校，投入不足影响了高职教育资源共建共享质量。

三、质量保障机制无法有效支撑教学变革

在专业群建设的深入推进过程中，现行的质量保障机制逐渐显露出其无法有效支撑教学变革的局限性。

第一，回顾“示范校”“骨干校”“优质校”等历史发展阶段，教师团队紧密围绕专业带头人，高效执行着专业教研活动与教学任务安排。然而，这一模式在赋予教师团队明确职责的同时，也无形中增加了他们的行政负担。专业教研活动时常被各类质量评价、项目验收、诊断改进等基层行政管理事务所牵绊，导致教师们难以全身心投入专业群建设的核心任务中。具体而言，繁杂的行政事务不仅消耗了教师团队大量的时间和精力，还可能削弱其在教学创新、课程开发、实践研究等方面的专注度与创造力。在专业群建设这一要求高度协同与创新的环境中，教师团队本应成为推动教学改革、优化教学资源配置的主力军，但现实却是他们被烦琐的行政事务所束缚，难以充分发挥其专业优势与潜能。为了破解这一困境，亟须构建一套更加高效、灵活且专注于教学质量提升的质量保障机制。这包括：一是优化管理体制，明确划分教学与行政职责，减少教师团队的非教学性负担，确保他们有足够的时间和精力专注于专业群建设与教学创新；二是强化教学质量监控与评价体系，建立科学、客观、全面的教学质量评估标准，为教学变革提供有力支撑；三是推动信息化手段在教学管理中的

应用，利用大数据、云计算等先进技术，实现教学资源的优化配置与高效利用，提高教学质量保障的效率与精准度。

第二，高职院校专业群建设表面上以群为单位，其实还是按照学科来划分的，没有涉及跨学院和地区的学科。要突出高职院校的类别特点，专业群的构建要实现优势互补。当前，我国高等职业院校的专业群建设迫切需要根据高等职业院校的办学性质，深刻剖析专业群的性质，厘清专业群在师资、教材、教法等方面与专业师资、教材、教法等方面的区别。如果继续采用传统的、正规的教育方式，已经不能适应学科群的发展需要。教育的终极目标是培养人才，职业院校的教学目标是培养学生自我实现、掌握一项技能，进而谋求更好的就业与人生。评价和度量一个人的专业技能，可以用来判断一个人有没有在工作中立足。

第三，“两业融合”背景下，院校在创新创业和就业指导方面往往只重视成果而忽略了过程的反馈和评估，这一现象值得深入思考。在追求卓越的发明成果、成功的创业或获得满意的工作的过程中，院校的关注点更多地集中在最终的成绩上，却忽视了过程中的重要环节。对于高职院校的学生而言，获得卓越的发明成果、成功的创业或一份令人满意的工作确实是他们的最终目标。然而，仅仅以最终成果来衡量学生的能力和价值是不全面的。就业辅导的关键在于使学生对职业和就业市场有一个更为准确的了解。就业市场是复杂多变的，不同的行业和岗位有着不同的要求。学生需要通过全面的就业辅导，了解自己的兴趣、优势和不足，以便更好地选择适合自己的职业道路。而如果仅仅根据最终成绩对学生作出全面的否定或肯定，可能会导致一些有潜力的学生被忽视，或者一些不适合特定职业的学生被错误地引导。

重视学习进程中的学生的身心发展至关重要。在创新创业和就业的过程中，学生不仅需要掌握专业知识和技能，还需要具备良好的心理素质和适应能力。过程中的反馈和评估可以帮助学生及时发现自己的问题和不足，调整学习和发展策略。与此同时，在就业辅导工作中，也存在着忽略了创造性思考的现象。创造性的思想作为企业的根本，对于将来的金融与贸易专业的人才来说，这是一种必不可少的技能。但是，对于一个高校的学生的创新能力的培养效果，却很难进行评估，通常都是通过学生的发明成果、发表的论文或者是专利等方式来评估，评估的标准相对来说比较死板。

第四，我国学历证书与职业资格证书的分离现状，不仅反映了职业教育体系与国际先进模式之间的差异，也深刻揭示了我国职业教育发展面临的挑战与“瓶颈”。在职业教育体系较为成熟的国家，学历教育与职业资格认证紧密融合，二者互为补充，共同构成了完整的人才培养链条。相比之下，我国现行的教育体系中，学历证书与职业资格证书由不同的国家职能部门分别管理，这种“双轨制”的存在，无形中筑起了一道壁垒，阻碍了职业教育与职业资格认证之间的有效衔接。学历证书作为学生学习成果的传统证明，侧重于对理论知识的掌握与学术能力的评价，却难以全面反映学生在专业技能和实践能力方面的成长。而职业资格证书，虽然聚焦于职业技能的认证与评估，却因缺乏对学生学习经历及综合素质的考量，难以成为衡量人才全面发展的重要标尺。而且这种分离状态，不仅削弱了职业教育与市场需求之间的关联性，也让学生在面对就业市场时，难以仅凭一纸证书充分展示自身的能力与潜力。为了打破这一僵局，促进职业教育与职业资格认证的深度融合，我国亟须推进相关制度的改革与创新。一方面，应建立学历教育与职业资格认证的互认机制，通过制定统一的评价标准与认证流程，实现学历证书与职业资格证书之间的有效对接。另一方面，应推动职业教育课程内容与职业标准的紧密对接，确保学生在校期间所学技能能够直接对接市场需求，提升职业教育的针对性和实效性。同时，加强职业教育师资队伍建设，提升教师的实践教学能力和职业资格认证水平，为培养高素质技术技能人才提供有力保障。

第七章 “两业融合”背景下高职财经商贸类专业群育人模式创新问题的思考

第一节 “两业融合”背景下高职财经商贸类专业群育人模式的职业发展

对职业教育价值取向的历史演进予以系统梳理后可明晰，当前对“就业导向”存在认识误区，其根源主要在于对“社会本位”视域下职业教育观的错误解读，部分人将“职业教育”片面地理解为单纯的职业技能培训，认定其仅应以劳动力市场需求为唯一目标。故而，从专业设置、教学内容至教学评价，皆紧密围绕“就业”展开。

从就业教育与职业教育的关系审视，就业虽为职业教育的重要功能之一，但绝非唯一功能，确切而言，高职教育的就业导向本质上体现了高职教育的经济功能。但在现实认知中，这一经济功能被不恰当地过度放大，甚至被视为高职教育的唯一功能，人们过度夸大了高职教育的就业功能，认为其能够轻易化解“结构性就业难”的复杂问题。

实际上，高等职业教育具有多方面功能，从经济功能的角度来看，职业教育旨在培养高素质的技术技能人才，以满足经济社会发展的需求。若过度关注职业教育的经济功能，将功利性的“就业”作为职业教育的核心任务，必然会忽视“育人”这一根本目标。高职教育兼具“高等性”与“职业性”。在对“就业导向”的错误解读的影响下，“职业性”被不恰当地过度强调，进而成为高职院校发展的主导方向。一些高职院校将培养“技术人”、提高“就业率”作为办学的核心任务，而在此过程中，“高等性”却逐渐被边缘化甚至消失不见。技术本身只是一种工具，其存在是为了促进人的全面发展，绝不能将其演变为高职教育的全部内容。

对于高职财经商贸类专业群来说，在“两业融合”的时代背景下，育人模式的创新刻不容缓，不能仅着眼于短期的就业效果，而应将目光放长远，关注学生的可持续发展。一方面，要高度重视培养学生的专业技能，使其具备在财经商贸领域立足的能力，通过科学合理的专业设置，紧密贴合市场需求，引入先进的教学内容和教学方法，切实提高学生的实践操作水平；另一方面，绝不能忽视对学生综合素质的培养。除了专业知识，还应注重培养学生的创新思维、团队协作能力、沟通表达能力等。这些综合素质的培养不仅能够帮助学生在职业生涯中更好地应对各种变化，也是实现人的全面发展的重要基石。

同时，高职院校要大力加强师资队伍建设，提升教师的专业素养和教育教学能力，教师不仅要传授专业知识和技能，更要成为学生人生道路上的引路人，引导学生树立正确的价值观和职业观。此外，还应积极拓展校企合作的深度和广度，与企业共同制订人才培养方案，为学生提供更多真实的实习实践机会，让学生在实际工作环境中锻炼自己，增强就业竞争力。

第二节 价值取向的理论溯源：职业教育本质属性探讨

专业群建设的价值取向与职业教育的本质属性紧密相连，深入探讨职业教育的本质属性，对于准确把握高职院校专业群建设的价值取向十分关键，从社会学视角分析，职业教育的本质属性之一在于其社会服务性。职业教育是社会经济发展的重要支撑，其直接面向社会生产和服务，为各个行业培养具备专业技能的劳动者。职业教育通过与企业、产业的紧密合作，根据市场需求调整专业设置和课程内容，为社会输送适需的人才，促进经济的可持续发展。同时，职业教育也在推动社会公平方面发挥着积极作用，为不同阶层、不同背景的人提供了提升自身技能和社会地位的机会，有助于缩小贫富差距，促进社会的和谐稳定。

从教育学视角来看，职业教育的本质属性突出体现在其职业性与教育性的融合，一方面，职业教育具有鲜明的职业导向，以培养学生的职业能力为核心，注重实践教学和技能训练，使学生能够在毕业后迅速适应职业岗位的要求；另一方面，职业教育也不能忽视教育的本质功能，要培养学生的综合素质，包括道德品质、创新能力、团队协作精神等。此外，职业教育还具有终身性的本质属性，在当今快速变化的社会和经济环境中，职业技能的更新换代日益加快，职业教育不应仅局限于学生在校期间的培养，而应贯穿人的一生。通过提供继续教育、职业培训等服务，满足人们不断提升职业能力的需求，实现职业教育的可持续发展。

一、职业教育本质属性论之争

（一）社会学视角下职业教育本质属性论

部分学者基于社会学中的“职业”概念出发，依据社会学的功能主义理论，通过分析职业教育对于社会的功能来探讨职业教育的本质。功能主义理论认为社会系统是以其适应外部环境所表现的功能视为其存在的意义。而作为社会系统的子系统，职业教育在与外部社会环境进行交互的过程中，必然呈现出一定的功能。

“功能主义”视角下职业教育本质属性的主要观点有“老三论”“新三论”“初始职业化”等观点。“老三论”是指职业教育的本质属性包括社会性、生产性和职业性三种认识。职业教育的“社会性”是指职业教育“从其本质来说，就是社会性，从其作用来说就是社会化”，职业教育的社会性体现在多个方面。首先，职业教育是社会发展的产物。随着社会分工的不断细化和经济的发展，对专业技能人才的需求日益增长，职业教育应运而生，紧密围绕社会经济的需求，为社会培养各类专业技术人才，满足不同行业的发展需要。其次，职业教育具有广泛的社会参与性。职业教育的实施不仅依赖于学校，还需要企业、行业协会、政府等多方面的参与，企业为学生提供实习实训的机会，行业协会参与专业设置和课程标准的制定，政府则通过政策引导和资金支持来推动职业教育的发展，多主体参与的模式体现了职业教育的社会性。最后，职业教育对社会的稳定和发展起到重要作用，通过培养高素质的技能人才，职业教育提高了劳动者的就业能力和收入水平，促进了社会的公平与和谐，为产业升级和经济转型提供了人才支持，推动了社会经济的可持续发展。

职业教育的生产性主要表现在其与生产劳动的紧密结合。职业教育以培养学生的职业技能为核心，注重实践教学和实习实训，使学生在毕业后能迅速适应工作岗位的要求，为社会创造物质财富。职业教育的生产性还体现在其对技术创新的推动作用。职业教育机构与企业合作开展科研项目，将科研成果转化为实际生产力，促进了产业的升级和发展。此外，职业教育以职业为导向，根据不同职业的需求设置专业和课程，培养学生具备特定职业所需的知识、技能和素养，主要体现在教学内容的针对性和实用性上。教学内容紧密围绕职业岗位的要求，注重培养学生的实际操作能力和解决问题的能力。

总之，“老三论”从社会性、生产性和职业性三个方面揭示了职业教育的本质属性。这三个本质属性相互联系、相互影响，共同构成了职业教育的本质特征。社会性是职业教育的基础，决定了职业教育的发展方向和社会价值；生产性是职业教育的核心，体现了职业教育与生产劳动的紧密结合；职业性是职业教育的特色，突出了职业教育以职业为导向的特点。只有充分认识到职业教育的这三个本质属性，才能更好地推动职业教育的发展，为社会培养更多高素质的技能人才。

（二）教育学视角下职业教育本质属性论

教育学视角下职业教育本质属性探讨将职业教育视作一种教育类型的前提下，深入探寻其有别于其他教育类型的本质属性，基于教育学视角，目前较为流行的职业教育本质属性观点包括一般职业导向性、技术技能职业性、职业导向性、工作体系等。

“一般职业导向性”和“技术技能职业性”是基于职业教育中职业类型的认识来探讨职业教育的本质属性。“技术技能职业性”的观点认为，职业教育中的职业是面向职业结构中的技术技能型职业，因而传授技术技能是职业教育有别于其他教育类型的本质属性。在当今社会，技术技能的重要性日益凸显，随着科技的不断进步和产业的升级转型，对具备专业技术技能的人才需求持续增长。职业教育以培养学生的技术技能为核心任务，通过系统的课程设置和实践教学环节，使学生掌握特定职业领域的专业知识和操作技能。与普通教育相比，职业教育更加注重对实践能力的培养，强调学生在实际工作中的应用能力，职业教育的课程紧密围绕技术技能的传授展开，涵盖了专业理论知识、实践操作技能以及职业素养等方面的内容。通过实习、实训等教学活动，学生能够在真实的工作环境中锻炼自己的技术技能，提高职业适应能力。

“职业导向性”的观点认为，职业教育中的职业并不应区分到底是“一般职业”还是专门职业，职业教育与其他教育类型有别的本质属性就是职业导向性，即以职业能力形成为培养目标、以典型职业活动来开发课程、以工作过程中的技术知识为教学内容。“职业导向性”是职业教育的重要特征之一。职业教育以满足职业需求为出发点，将职业能力的培养贯穿整个教育过程，既包括专业技能，还包括职业道德、职业素养、团队协作能力等方面。职业教育通过对典型职业活动的分析和研究，开发出符合职业需求的课程体系，紧密结合实际工作场景，使学生在学习过程中能够了解职业的特点和要求，为未来的职业发展做好准备。以工作过程中的技术知识为教学内容，使学生掌握实际工作中所需的知识和技能。

（三）两种不同的角度

通过对社会学、教育学两种视角下职业教育本质属性的深入分析，可以明显看出二者存在显著差异，本质上源于对“职业”的不同理解以及出发点的不同。在对“职业”概念的不同理解方面，存在着“有限职业”与“无限职业”的争论，社会学职业教育本质属性论秉持“无限职业”的观点，将职业教育视为面向所有职业的教育类型。在这一视角下，职业教育与整个社会系统紧密相连，其功能在于满足社会各个领域对不同职业人才的需求，强调职业教育的社会性，认为职业教育应随着社会的发展不断调整和适应，为各种职业提供所需的人力资源。而教育学职业教育本质属性论则基于“学术性”与“技术技能性”的职业划分，认为职业教育应面向的职业是“技术技能职业”，与面向“学术性职业”的普通教育有着严格区别，突出了职业教育在培养特定类型职业人才方面的独特性，注重对技术技能的传授和实践能力的培养。

从出发点的不同角度来看，存在从“概念”出发还是从“事实”出发的两种倾向。社会学视角下的职业教育本质属性论从社会学中的“职业”概念出发，依据社会学的功能主义理论，通过分析职业教育对于社会的功能来探讨其本质属性，注重从宏观层面考察职业教育在社会系统中的地位和作用，强调职业教育对社会稳定、经济发展等方面的贡献。它将职业教育视为社会发展的重要组成部分，通过满足社会对职业的需求来实现其价值。而教育学视角下的职业教育本质属性论则从职业教育的实践出发，基于职业教育与普通教育类型的差异来探讨本质属性。这一视角更加关注职业教育的教学过程、课程设置、师资队伍等实际问题，旨在通过提高职业教育的质量和效果，培养出适应职业市场需求的高素质技术技能人才。

二、职业教育本质属性——职业生涯导向性

职业教育本质属性的探讨是一个动态发展的历史过程，并伴随社会进步和职业教育发展而不断深化，是合乎规律性与合乎目的性的统一，总体而言，社会学视角的职业教育本质属性观忽视了职业的分类，进而混淆了职业教育与普通教育的区别，教育学视角下的职业教育本质属性观忽视了职业的发展演变，进而形成“功利主义”与“工具主义”的倾向。本研究基于职业的分类，通过分析职业教育的历史演变，来对职业教育的属性进行探讨。

（一）职业教育的起点——职业

职业源于社会分工，职业的主体是人，职业决定着职业教育，职业教育应以职业为核心，其目标是能够让学习者进入工作体系中的相应职业，在职业的组成体系结构中，与职业教育联系最为密切的是技术技能类职业。伴随技术进步和产业结构转型，技术技能类职业结构也开始升级。

日本劳动问题专家保谷六郎认为，职业是由具有劳动能力的人为了生活所得而发挥个人能力，向社会作贡献而连续从事的活动，《中华人民共和国职业分类大典》从多个维度对职业进行了详细的划分和描述，为人们理解职业的内涵和外延提供了重要依据。在心理学上，倾向于从个体的角度，将职业视为个人的生命历程、工作任务和经历，即“跨越个人一生的相关工作经历模式”。

从人类发展的历史来看，其不同发展阶段的社会分工水平也不尽相同。在原始社会，人们以采集、狩猎为生，社会分工较为简单，几乎不存在现代意义上的职业。随着生产力的发展，农业和畜牧业逐渐分离，社会

分工开始出现。在农业社会，人们主要从事农业生产，同时有一些手工业者和商人。到了工业社会，社会分工更加细化，出现了各种各样的职业，如工人、工程师、教师、医生等。而在当今信息社会，随着科技的飞速发展和产业的不断升级，新的职业不断涌现，如软件工程师、数据分析师、人工智能专家等。

社会分工的不断深化推动了职业的发展和演变，也对职业教育提出了更高的要求。职业教育必须紧跟社会发展的步伐，不断调整和优化专业设置和课程体系，以培养适应社会需求的高素质技术技能人才。例如，在工业革命时期，机械制造、纺织等行业迅速发展，职业教育相应地开设了机械制造、纺织技术等专业，为这些行业培养了大量的技术工人。而在当今信息时代，信息技术、人工智能等领域成为社会发展的前沿，职业教育也纷纷开设了相关专业，如计算机科学与技术、人工智能技术应用等，以满足这些领域对人才的需求。

职业的主体是人，人的发展需求决定了职业的发展方向。职业不仅仅是人们获取生活资料的手段，更是实现个人价值和社会价值的重要途径。随着人们生活水平的提高和对自我价值实现的追求，职业的内涵也在不断丰富和拓展。现代职业不仅要求从业者具备专业的技术技能，还要求他们具备良好的职业道德、创新精神、团队协作能力等综合素质。职业教育必须以人的发展为核心，注重培养学生的综合素质，为学生的职业生涯发展奠定坚实的基础。

职业决定着职业教育，职业教育应以职业为核心。职业教育的目标是培养具有特定职业技能和素养的人才，使其能够顺利进入工作体系中的相应职业。因此，职业教育的专业设置、课程体系、教学方法等都应紧密围绕职业需求开展。例如，职业教育的专业设置应根据社会经济发展的需求和职业市场的变化及时调整，确保专业与职业的对接。课程体系应注重理论与实践的结合，突出实践教学环节，培养学生的实际操作能力。教学方法应多样化，采用项目教学、案例教学、模拟教学等方法，提高学生的学习积极性和主动性。

（二）从“训练性”到“教育性”——职业教育本质属性的历史演进

职业教育应以职业为核心，而职业结构的分化和升级的动力源自生产技术的进步以及社会分工的发展，这一过程推动了职业教育从“职业训练”向“职业教育”的转变。在农业社会，社会生产力相对低下，社会生产形式主要以农耕、狩猎和家庭手工业为主。随着手工业的出现及规模的不断扩大，父子继承的技能传授方式已无法满足生产需求。此时，技能传授的对象超越了家庭范畴，通过招收养子的形式得以延续，并逐渐发展为形式化的契约关系，以约束师徒双方的权利与义务。例如，古希腊的工匠训练、古罗马的学徒契约以及古埃及的学徒合同等，在这个时期，传授的技艺涵盖纺织、打铁、速记、立法、雕刻、玻璃制造、律师等多个领域。

伴随三次工业革命的推进，人类社会的生产组织方式发生了根本性变革，这也促使职业教育在办学主体、办学内容和办学形式上发生了重大转变。第一次工业革命中，蒸汽机的发明和应用使得传统手工业操作的职业难以适应社会发展的要求。职业教育开始致力于培养面向纺织业、采煤业、制造业等行业的产业工人。第二次工业革命中，电力技术的推广应用极大地提高了劳动生产效率，造就了一大批新兴的产业工人。在这一阶段，职业教育主要侧重于对特定职业技能的训练，以满足工业生产的需求。

由此可见，在农业社会和工业社会，“训练性”成为职业教育的鲜明特征。然而，随着人类发展进入知识社会，社会生产力水平和劳动组织方式正在经历重大变革，这对职业教育的发展理念产生了深刻影响。在知识社会，信息化和自动化技术应用日益广泛，技术发展的复杂性和精确度不断提高，科学化和理论化成为显著特征，技术的应用范围也从传统的生产制造领域向管理服务等领域拓展，推动职业结构由劳动密集型向技术密集型和知识密集型转变。与此同时，全球化趋势的发展使得社会劳动分工开始向国际化分工发展，社会生产组织变革得到进一步深化。

技术的进步与全球化趋势的结合使得职业教育面临新的挑战和机遇。在当前知识社会，职业教育已经进入了服务于个人职业生涯的“‘教育性’职业教育”发展阶段。当前职业教育作为为技术技能人才培养提供职业生涯服务的教育类型，其本质内涵具有以下特点。从类型上看，职业教育不再仅仅是单一的技能培训，而是涵盖了理论知识、实践技能、职业道德、创新能力等多方面的综合性教育。它既注重培养学生的专业技能，使其能够在特定职业领域中立足，又强调学生的综合素质提高，以适应不断变化的职业市场需求。

从目标上看，“教育性”职业教育旨在培养具有可持续发展能力的职业人才，包括帮助学生获得当前职业所需的技能和知识，更重要的是培养学生的学习能力、适应能力和创新能力，使他们在职业生涯中不断成长和进步。从内容上看，“教育性”职业教育的课程内容更加丰富和多元化，除传统的专业课程外，还包括职业规划、创新创业、跨文化交流等方面的内容，旨在培养学生的综合素养和全球视野，使他们能够在国际化的职业环境中发挥更大的作用。从教学方法上看，“教育性”职业教育更加注重实践教学和个性化教学。实践教学通过实习、实训等方式，让学生在真实的工作环境中锻炼自己的技能，提高职业适应能力，个性化教学则根据学生的不同特点和需求，制订个性化的教学计划，充分发挥每个学生的潜力。

（三）职业生涯导向性——知识社会下职业教育的本质属性

1. 知识社会的内涵与特征

近代以来，知识的内涵伴随着科学发展和技术进步在不断演化，有力地推动了现代经济的快速发展以及现实社会的进步，进而促成了以知识作为首要生产要素驱动发展的知识社会的生成与发展。

在第一个阶段的100年中，职业学校和百科全书的问世使得人类的生产经验成功转化为生产知识，并被广泛应用于工具、生产过程和产品上，极大地促进了工业革命的进行。这一时期，知识开始系统地传播与积累，为后续的技术创新和产业发展奠定了基础。职业学校的出现，为培养具有专业知识和技能的人才提供了平台，使得知识能够更加高效地转化为实际生产力。

第二个阶段开始于1880年左右，随着泰勒利用知识对工作进行研究、分析和工程化，促进了流水线的生产组织变革，知识在生产管理中的应用日益深入，科学管理的理念逐渐兴起。通过对工作流程的优化和标准化，提高了生产效率，降低了生产成本。知识不仅在技术层面发挥作用，还在组织管理层面展现出强大的力量。

第三个阶段开始于第二次世界大战以后，知识被应用于知识本身，这就是管理革命。此时，知识的创新和应用进入了一个新的高度，知识成为推动经济和社会发展的核心力量。在知识社会中，知识经济一体化、知识学习终身化等特征日益凸显。

知识社会是一种全新的社会形态。知识作为知识社会中的“一种基本资源”，占据了“社会的中心”地位，成为“经济和社会行为的基础”，在知识社会中，知识的创造、传播和应用成为推动社会进步的关键因素。知识经济一体化使得知识与经济紧密结合，知识的价值在经济活动中得到充分体现，创新成为经济发展的核心驱动力，而创新的源泉正是知识的不断积累和创新。企业和国家的竞争力越来越取决于其知识创新能力和知识管理水平。

知识学习终身化是知识社会的另一个重要特征。在快速变化的时代，知识的更新换代速度极快，人们需要不断学习新的知识和技能，以适应社会的发展需求。职业教育在知识社会中承担着重要的使命，即为人们提供终身学习的机会和平台。职业教育不再仅仅局限于为年轻人提供就业前的培训，而是要为不同年龄段的人群提供持续的职业发展支持。通过开展继续教育、在线学习等多种形式的教育活动，满足人们不断增长的学习需求。

此外，知识社会还具有知识创新全球化、知识传播网络化等特征。知识创新不再局限于某个国家或地区，而是在全球范围内进行合作与交流。网络技术的发展使得知识的传播更加迅速和广泛，人们可以通过互联网轻松获取各种知识资源。职业教育也需要顺应这一趋势，加强国际合作与交流，引进先进的教育理念和教学方法，培养具有全球视野和竞争力的人才。

2. 知识社会中职业的演变特点

从工业社会迈向知识社会，社会职业的演化呈现出鲜明的特征。第一次工业革命以蒸汽机为动力的大型工厂取代传统手工工厂，推动了实用科学职业化与工程师的诞生，工作走向专业化、细分化及等级化。第二次工业革命中，工程师对生产过程的重新设计使工人融入生产线，工人自主权丧失且可替代性增强，而在知识社会，趋势发生逆转，从等级结构和相互可替代性向横向协作与专业技能复原转变。

在知识社会的工作领域，工业组织模式发生根本性变革。工作不再仅仅是谋生手段，更是自我发展的途径。其社会职业演变具体表现在以下几个方面。首先，职业组织结构经历从科层制到扁平化的变革。为应对全球市场的激烈竞争，许多组织进行内部结构重大调整，20世纪下半叶盛行的强调稳定性与可预见性的科层式（等级制）组织结构，逐渐向更加扁平化和分权化发展。随着工业管理从科层制模式向柔性化管理模式转变，生产方式由单一功能的流水线式作业向多种技术集成的综合车间或生产线转变。这对从业者在知识水平和技能操作水平的综合化、复合型方面提出更高要求。其次，职业人员心理契约从关系型契约向交易型契约转变。在雇佣关系中，心理契约是一种隐含的约定。传统的“关系型契约”直至20世纪80年代，雇员期望在组织中获得长期稳定的就业机会，组织则期望雇员忠诚奉献，并为其提供职业发展机会和保障。然而，在知识社会，市场环境变化迅速，竞争加剧，关系型契约逐渐被交易型契约取代，交易型契约中，雇员更注重短期经济利益和个人成就，组织更关注员工绩效和能力，双方关系更加灵活和市场化。这种转变要求职业教育不仅要培养学生的专业技能，还要注重培养学生的适应能力和市场意识，使他们能够在不同的工作环境中快速调整自己的心理契约。最后，职业岗位结构和性质发生变动。在知识社会中，科技进步和产业升级导致一些传统职业消失，新职业不断涌现。例如，人工智能、大数据、云计算等领域的新兴职业对从业者的知识和技能提出全新要求。同时，职业岗位的性质也相应发生变化。传统职业岗位强调重复性和标准化工作，而知识社会中的职业岗位更注重创新、协作和解决复杂问题的能力。职业教育需要紧跟时代步伐，及时调整专业设置和课程内容，培养学生的创新思维和协作能力，以满足知识社会对职业人才的需求。

3. 知识社会中的职业教育——职业生涯导向性

职业生涯，这一概念在历史的长河中逐渐发展形成，其源头可追溯至美国20世纪中叶的职业辅导运动，最早提出职业生涯概念的学者沙特列指出，职业生涯乃是一个人在工作生活中所经历的职业或职位的总和。美国著名职业问题专家萨帕进一步深化了这一概念，他认为职业生涯是一个人终身所经历的所有职位的整体历程。从他们的定义中可以清晰地看到，职业生涯的本质就是个体的职业发展轨迹。

关于职业生涯的发展阶段，不同的学者有着不同的见解。金兹伯格将青年职业性成熟程度划分为空想期、尝试期和现实期三个阶段。在空想期，年轻人充满了对未来职业的憧憬和幻想，他们可能会梦想成为各种伟大的人物，如科学家、艺术家、运动员等。尝试期则是年轻人开始尝试不同的职业活动，通过实习、兼职等方式来了解不同职业的特点和要求。而现实期，年轻人逐渐明确自己的职业目标，并开始为实现这些目标而努力。

萨帕则从时间、领域和投入程度三个层面来认识职业生涯，他将其分为成长、探索、确立、维持和衰退五个阶段，以及儿童、学生、公民、赋闲在家者、工作者或家庭主妇等六种不同角色。在成长阶段，个体主要是通过家庭、学校等环境的影响，逐渐形成对职业的初步认识。在探索阶段，个体开始积极探索不同的职业选择，尝试各种职业活动，以确定自己的职业兴趣和能力；在确立阶段，个体经过一番探索后，确定了自己的职业目标，并开始为实现这一目标而努力。在维持阶段，个体在自己的职业领域中不断努力，保持自己的职业地位和成就。在衰退阶段，随着年龄的增长和身体状况的变化，个体逐渐退出职业领域，进入退休生活。

对于大学生而言，职业生涯通常包括职业准备、职业选择和职业发展三个阶段。在职业准备阶段，大学生主要通过学习专业知识、参加社会实践等方式，为未来的职业发展打下坚实的基础。在职业选择阶段，大学生需要根据自己的兴趣、能力和职业市场的需求，选择适合自己的职业方向。在职业发展阶段，大学生在进入职场后，需要不断学习和提升自己的职业技能，以适应职业发展的需要。

职业教育的“职业生涯导向性”，明确了其职业是技术技能职业，而非面向所有职业。这一导向的具体含义在于，职业教育应紧密围绕学生的整个职业生涯，以培养学生形成职业生涯能力为目标，致力于培养技术技能人才。在知识社会中，社会分工和职业结构呈现出前所未有的不稳定性。科技的飞速发展如同汹涌的浪潮，不断推动着产业的升级和变革。新的职业如雨后春笋般不断涌现，而旧的职业则在时代的变迁中逐渐被淘汰。

这一要求促使职业教育在培养目标、办学层次、教学手段和教学管理方式等方面，在传统的农业社会和工业社会基础上发生重大转变。首先，在培养目标上，职业教育不再仅仅局限于培养学生掌握单一的职业技能，而是更加注重培养学生的综合素质和职业生涯能力。这种能力包括专业技能、职业素养、创新能力、团队协作能力、沟通能力等多个方面。其次，在办学层次上，职业教育应根据学生的不同需求和能力水平，提供多层次、多样化的教育服务。例如，中等职业教育可以为那些初中毕业的学生提供基本的职业技能培训，帮助他们尽快进入职场；高等职业教育则可以为那些高中毕业的学生或具有同等学力的学生提供更加深入的专业知识和技能培训，为他们的职业发展打下更加坚实的基础；应用型本科教育则可以为那些希望在职业领域中进一步提升自己的学生提供更高层次的教育服务，培养他们成为具有创新能力和领导能力的高级技术技能人才。

在教学手段方面，职业教育需要不断创新和改进。传统的教学方法往往偏重对知识的传授，而忽视了对学生的实践能力和创新能力的培养。在知识社会中，职业教育应采用项目教学、案例教学、模拟教学等多样化的教学方法，让学生在实际操作中学习和掌握专业知识和技能。同时，充分利用现代信息技术，开展在线教学、虚拟实训等教学活动，拓宽教学渠道，提高教学效果。例如，通过虚拟现实技术，学生可以身临其境地体验不同职业的工作环境和工作流程，以此提高他们的学习兴趣和学习效果。

在教学管理方式上，职业教育应实行弹性学制、学分制等灵活的教学管理制度，满足学生个性化的学习需求，学生可根据自己的学习进度和职业发展规划，自主选择课程和学习时间。同时，职业教育还应加强与企业、行业的合作，建立起产学研一体化的教学管理模式。通过与企业、行业的合作，职业教育可以及时了解市场需求的变化，调整教学内容和教学方法，提高学生的就业竞争力。在行为主义心理学的指导下，原有的面向岗位的综合能力被细化为一系列具体的任务技能来进行培训，形成了以具体、孤立的操作技能为核心的行为主义导向的任务技能观。在工业社会后期，伴随精细化生产管理模式的兴起，具体的生产方式上开始由单一功能的流水线式生产作业逐渐演变为多种技术集成的综合车间或生产线。这进而对企业岗位人员提出了知识与技能综合的要求。职业生涯导向下的职业教育，秉持以人为本的培养理念，它以培养建构主义导向的整合能力观下的职业生涯能力为目标。在这个过程中，职业教育注重个人发展的同时，最大限度地对社会需要进行回应，有效融合“个人本位”与“社会本位”的价值取向，进而统一于学生的职业生涯发展。

从个人发展的角度来看，职业生涯导向的职业教育充分关注学生的兴趣、特长和潜力。在职业准备阶段，职业教育通过开展职业测评、职业咨询等活动，帮助学生深入了解自己的职业兴趣和能力倾向。职业测评可以通过一系列科学的测试方法，评估学生的性格特点、职业价值观、职业能力等方面，为学生选择适合的专业和职业方向提供客观依据。职业咨询则由专业的职业咨询师为学生提供一对一的咨询服务，帮助学生分析自己的优势和不足，制订个性化的职业发展规划。在职业选择阶段，职业教育为学生提供丰富的实习、实践机会。通过实习，学生可以亲身体验不同职业的工作内容和要求，了解职业市场的需求和发展趋势。同时，实习也为学生提供了与企业、行业接触的机会，有助于他们建立职业人脉，为未来的职业发展打下基础。此外，职业教育还可以组织学生参加各种职业竞赛、创新创业活动等，提高学生的实践能力和创新能力，增强他们的就业竞争力。在职业发展阶段，职业教育持续为学生提供继续教育和培训机会。随着科技的不断进步和产业的不断升级，职业技能的更新换代速度越来越快。为了适应职业发展的需要，学生需要不断学习和提高自己的职业技能。职业教育可以通过开展在职培训、短期课程、网络课程等方式，为学生提供继续教育和培训机会，帮助他们不断更新自己的知识和技能，提高自己的职业素养和综合素质。

（四）价值取向演进：从就业导向到职业生涯导向

近年来，我国高等职业教育在社会本位理念的引领下，大力奉行就业导向，围绕“就业”这一核心开展各项工作，包括确定人才培养目标、调整专业结构、改革人才培养模式以及构建质量评估体系。然而，在高职院校专业群建设的具体实践中，却出现了一些偏差。高职教育被片面地等同于“就业教育”，过度夸大了高职教育“就业”的经济功能。在这种观念的影响下，单向度的“技术人”或“工具人”成为培养目标，课程内容追求与企业的“无缝对接”。这种做法忽视了学习者职业生涯能力形成的内在规律，使得职业教育面临着退化为功利性“职业培训”的风险。

通过对职业教育价值取向的历史演变进行梳理，可以发现，职业教育已然进入服务于学习者职业生涯的发展阶段。当前就业导向认识误区的根源在于对社会本位下职业教育观念的错误解读。从社会学、教育学视角对职业教育本质属性的现实之争进行分析，能看到职业教育从“训练性”到“教育性”的历史演变历程，在知识社会的大背景下，职业教育的本质属性应是职业生涯导向性。

借鉴杰勒德·德兰迪的知识社会理论，基于大学体系内部“技术公民身份”和“文化公民身份”的二维分类，高职院校作为“知识应用者”，在知识社会中主要提供与专业训练相关的知识。其角色主要是大学中“知识应用者”，培养目标是技术技能型人才，具有鲜明的“职业生涯导向性”，根本目标应是促进高职院校学习者的职业生涯发展。因此，职业生涯导向性应是高职院校专业群建设的价值取向。

尽管专业群培养面向包含关键岗位和相关岗位的职业岗位群，但更应注重培养学习者的职业生涯能力和岗位迁移能力，职业教育不能仅局限于为特定岗位培养人才，而应着眼于学习者的长远发展。培养职业生涯能力，包括自我认知能力、职业规划能力、学习能力、适应能力、创新能力等。自我认知能力使学习者能够了解自己的兴趣、优势和不足，为职业规划提供依据。在知识社会中，职业的变化速度越来越快，学习者需要在不同的岗位之间进行切换。具备岗位迁移能力，意味着学习者能够快速掌握新岗位所需的知识和技能，顺利实现职业转型，在教学过程中注重培养学习者的通用技能和综合素质，如沟通能力、团队协作能力、问题解决能力等。同时，职业教育还应加强与企业的合作，为学习者提供更多的实习和实践机会，让他们在真实的工作环境中锻炼自己的岗位迁移能力。

（五）行动逻辑转换：从线性逻辑到双联动逻辑

在“就业导向”的理解误区中，专业群建设遵循着“产业—专业—就业”这一单向的、线性的逻辑，坚持“产业决定论”下的专业群设置和“就业决定论”下的人才培养理念，期望通过提高人才培养的针对性来提高毕业生的就业率和对口率。然而，这一做法却带来了一些问题，如专业设置重复现象严重、高职教育培训化倾向明显等。

本章深入分析了高职院校专业群建设实践中“产业—专业—就业”的线性逻辑偏差，认为其产生根源在于忽视了劳动力市场的复杂性，是对职业教育适应论的机械解读。为了更好地理解高职教育与社会发展的关系，笔者引入卢曼的功能结构主义理论。将高等职业教育视为一个自创生系统，其内部有着自身的“代谢生产网络”，即以“专业群”为特色的人才培养模式。通过“专业群”的“代谢生产网络”，高职教育这个自创生系统能够以其独特的人才培养组织的“复杂性”来应对经济社会发展对技术技能人才“需求的复杂性”。

技术技能人才“需求的复杂性”是由高职教育的“外部联动”决定的。高职院校与教育部门、用人单位、人社部门等的联动构成了外部联动。教育部门为高职院校提供政策指导和资源支持，确保高职教育的发展方向与国家教育战略相一致。用人单位则向高职院校反馈市场需求和行业动态，帮助高职院校调整专业设置和课程内容，培养出符合企业实际需求的人才。人社部门则在人才评价、职业资格认证等方面发挥重要作用，为高职教育的人才培养质量提供保障。通过与这些外部主体的联动，高职院校能够更好地了解技术技能人才“需求的复杂性”，从而有针对性地进行专业群建设和人才培养。

同时，高职教育内部也存在“内部联动”。专业群内部各个专业之间的协同发展是内部联动的重要体现，不同专业在知识体系、技能要求等方面存在着一定的关联性和互补性。通过加强专业之间的合作与交流，实现资源共享、优势互补，能够提高专业群的整体实力和人才培养质量。例如，在一个以制造业为特色的专业群中，机械制造、自动化控制、工业设计等专业可以通过共同开展项目教学、实践实训等活动，培养学生的综合技能和创新能力。此外，教师与学生之间的互动、教学与科研之间的融合等也是内部联动的重要方面，教师通过与学生的密切交流，了解学生的需求和困惑，及时调整教学方法和内容；教学与科研的融合则能够促进知识的创新和传播，提高教师的教学水平和学生的学习效果。

（六）实施路径演变：从单打独斗到多方协同的动态建设

当前，高职院校专业群建设面临着诸多困境，一方面，它与高职院校内部的招生与就业部门工作存在一定脱节。招生部门主要负责学生的招录工作，而就业部门则侧重于学生毕业后的就业指导与服务工作。专业群建设往往未能与这两个部门紧密结合，导致在招生时无法准确传达专业群的特色与优势，吸引到合适的学生；在就业时，又难以根据专业群培养的人才特点，有针对性地为学生提供就业机会。另一方面，专业群建设与高职院校外部的政府、企业和行业工作也有一定脱节。政府的政策支持、企业的实践需求和行业的发展动态对于专业群建设至关重要，但在实际中，专业群建设往往与这些外部主体缺乏有效沟通与合作，使得其无法及时反映产业需求和就业市场的变化，进而影响人才培养质量和岗位适应性。专业群建设处于高职院校“单打独斗”的静态建设境遇，为了改变这一局面，本章尝试在职业生涯导向、双联动机制下进行高职院校专业群建设，即将高职院校专业群建设与学生的职业生涯发展相结合，其实质就是促进技术技能人才的“人才供需信息”与“个人生涯信息”的全面对接。通过这种方式，专业群建设能够更加关注学生的个体需求和职业发展规划，培养出具有明确职业目标和发展方向的高素质技术技能人才。

然而，“双联动”机制在现实运行中存在一定程度的脱节与失轨，为了解决这一问题，本书基于“互联网+”开发了高职学生职业生涯追踪平台，整合各方资源，促进高职教育内部与外部的“双联动”机制，形成学生、高职院校、政府部门、人社部门、行业企业协同参与、互惠共赢的运作机制。对于学生而言，职业生涯追踪平台为他们提供了一个了解自我、规划职业的有效工具，学生可以在平台上进行职业测评，了解自己的兴趣、能力和价值观，从而确定适合自己的职业方向。同时，平台还提供了丰富的职业信息和就业指导，帮助学生了解不同职业的发展前景和要求，为他们的职业选择提供参考。对于高职院校来说，职业生涯追踪平台为专业群建设提供了重要的信息支持。通过平台，高职院校可以及时了解学生的职业需求和就业意向，调整专业设置和课程内容，提高人才培养的针对性和实效性。同时，平台还可以促进高职院校与政府、企业和行业的合作，共同开展人才培养、实践教学和科研创新等活动，提升专业群的整体实力和社会影响力。政府部门可以通过职业生涯追踪平台了解高职教育的发展状况和人才需求，制定更加科学合理的政策措施，为高职教育的发展提供有力支持。人社部门可以利用平台进行人才评价和职业资格认证，提高人才培养质量和就业质量。行业企业则可以通过平台与高职院校建立紧密的合作关系，参与人才培养过程，为学生提供实习、实训和就业机会，同时为企业自身的发展储备人才。

第三节　职业生涯导向：高职院校专业群建设的应然诉求

一、知识生产模式变革与大学定位

知识社会是一种以知识生产知识的独特环境，在当代社会，知识生产正经历着深刻的变化，其生产模式已从传统的单一模式拓展为知识生产模式Ⅰ和知识生产模式Ⅱ并存的局面。知识生产模式Ⅰ中，知识呈现出等级制和同质性的特征。其生产在单一学科的认知语境中进行，以大的学术背景为依托来形成和解决问题。在这种模式下，创新被视为基于学科的科学规范下新的标准化知识生产。例如，在物理学领域，科学家们在经典物理学的框架内进行深入研究，不断推导出新的公式和理论，为该学科的发展作出贡献。

知识生产模式Ⅱ则以异质性和反思性为特点，其生产在跨学科的社会经济情景中展开，基于现实社会应用的背景来形成和解决问题。创新在这里不仅意味着新的知识生产，还包括对现存知识的新应用，强调知识与应用的整合。比如，在人工智能的发展中，涉及计算机科学、数学、哲学、心理学等多个学科的交叉融合，通过将不同领域的知识应用到实际问题中，从而推动了技术的进步和产业的发展。

知识生产模式Ⅰ对应基础研究的特征，注重知识创新；知识生产模式Ⅱ对应应用研究的特征，强调知识应用和转化。对于经济社会发展而言，两种知识生产模式都具有重要作用，需要在一定程度上实现均衡发展。在知识社会，知识生产模式由Ⅰ向知识生产模式Ⅱ演变的过程中，高职院校的角色也在发生着变化。

高职院校作为高等教育的重要组成部分，在知识生产模式的变革中承担着独特的使命。一方面，高职院校应积极参与知识生产模式Ⅱ的实践，紧密结合社会经济发展的需求，开展跨学科的应用研究。通过与企业、行业的合作，将知识转化为实际的生产力，为经济社会的发展提供技术支持和人才保障。另一方面，高职院校也不能忽视知识生产模式Ⅰ的基础研究。虽然高职院校的重点在于应用研究，但基础研究是应用研究的根基。只有在扎实的基础研究的基础上，才能更好地进行知识的应用和转化。因此，高职院校应在加强应用研究的同时，适当开展基础研究，为知识生产模式Ⅱ的发展提供理论支持。

二、知识社会中大学的角色演变

在知识社会的语境下，知识已然超越传统的“劳动力、原料、资本”等要素，跃升为社会生产的关键核心，大学作为知识创造与转化的关键机构，通过不断扩展自身功能以回应广泛的社会需求，进而在知识社会中占据主导地位，强化其知识社会中的公民身份表征。公民身份的内涵已超越单纯的知识权利与义务关系，涵盖了个性的参与及创造。

伴随时代的演进历程，大学的社会角色历经了从工业社会塑造社会公民身份的机构，逐步向塑造文化公民身份和技术公民身份的机构转变。回顾全球高等教育的发展脉络，大学通过重新界定自身功能以及创新人才培养模式，有力推动社会的转型发展。

在知识社会的当下，大学面临着来自文化转型与技术转化的双重挑战。其一，当今大学在文化模式中应具备批判与解释的功能。大学应承担文化导向的使命。大学必须能够引领社会的文化发展方向，为社会提供价值观念与文化认同的基石。在全球化的时代背景下，不同文化之间的交流与融合日益频繁，大学作为文化传承与创新的重要机构，应当在保护与传承本土文化的同时，积极吸收与借鉴外来文化，为社会文化的发展提供多元化的选择路径。

从知识生产的理论视角分析，研究型大学主要提供与智力探究紧密相关的知识，其在知识生产模式Ⅰ中扮演着“知识生产者”的角色，其培养目标定位于学术型人才，即致力于发现与研究自然科学和社会科学客观规律的专业人才。研究型大学拥有雄厚的师资力量与先进的科研设备，为学术研究创设了优越的条件。学术型人才的培养注重对理论知识的深度学习与科研能力的精心培育，他们通过深入的学术研究，为知识的创新与发展注入源源不断的动力。

应用型大学提供的是解决现实问题的知识，在知识生产模式Ⅱ中扮演“知识生产者”的角色，其培养目标定位为工程型人才，即将学术型人才所发现的科学规律或原理转化为图纸或方案，并直接应用于设计与决策实践的专业人才。应用型大学紧密结合社会经济发展的实际需求，高度重视实践教学与应用研究。工程型人才的培养强调实践能力与创新能力的协同培养，他们通过将理论知识应用于对实际问题的解决，为社会经济的发展提供坚实的技术支持。

高职院校作为知识的应用者，其培养目标是技术技能型人才。在知识社会中，技术技能型人才的需求呈现出日益增长的态势。高职院校通过开展职业教育与培训，为社会培育了大量的技术技能型人才。技术技能型人才的培养注重实践操作能力与职业素养的同步培育，他们通过掌握专业的技术技能，为企业的生产与服务提供有力的支撑。

在知识社会中，知识工人在高等职业教育中所习得的知识包括“客观性知识”“主观性知识”“开放性知识”与“速变性知识”。“客观性知识”是指经过科学验证与实践检验的知识，如自然科学与工程技术等领域的知识。“主观性知识”是基于个人经验与主观判断的知识，如艺术、文学与哲学等领域的知识。“开放性知识”是指不断更新与发展的知识，如信息技术与生物技术等领域的知识。“速变性知识”是指变化迅速的知识，如时尚、娱乐与新媒体等领域的知识。

知识工人在高等职业教育中的学习呈现出“技术性”特征、“功利性”特征、“个体性”特征与“全程性”特征。“技术性”特征意味着知识工人的学习主要围绕技术技能的掌握与应用展开。在高等职业教育中，学生通过学习专业的技术课程与实践操作，掌握一定的技术技能，为未来的职业发展奠定基础。“功利性”特征表明知识工人的学习具有明确的职业导向与实用价值。他们学习的目的是获取更好的职业发展机会与更高的收入水平，因此更加注重知识的实用性与针对性。“个体性”特征体现为知识工人的学习具有个性化的需求与特点。每个学生的兴趣爱好、学习能力与职业规划各不相同，因此需要根据个人的实际情况进行个性化的学习与培养。“全程性”特征指的是知识工人的学习是一个持续的过程。在知识社会中，知识的更新换代速度极快，因此知识工人需要不断地学习与更新自己的知识与技能，以适应社会的发展。

知识社会是以科学知识向一切社会领域的渗透为基础的。由于科技知识具有客观性，因此知识社会是以客观性知识为基础构建而成的。与此同时，在职业教育中，知识学习的“专业”意识与“能力”意识将会越发强烈。在高等职业教育中，学生需要选择一个专业领域进行深入的学习，掌握该领域的专业知识与技能。专业意识的增强有助于学生在未来的职业发展中更加专注于专业，提升自身的竞争力。能力意识的增强则有助于学生在学习过程中注重培养自己的实践能力、创新能力与团队协作能力等综合素质，为未来的职业发展做好充分准备。

总之，在知识社会中，大学的角色正经历着深刻的变革。研究型大学、应用型大学与高职院校分别承担着不同的使命与责任，共同为社会的发展与进步贡献力量。知识工人在高等职业教育中的学习也呈现出多样化的特征，需要不断地适应社会的发展需求。未来，大学与高等职业教育将继续发挥重要的作用，为知识社会的发展提供坚实的人才支持与智力保障。

第八章 “两业融合”背景下高职财经商贸类专业群育人模式的发展策略

第一节 以课程体系开发为切入点，提高培养培训的一体化

“两业融合”视角下，高职财经商贸类专业群育人模式的创新发展，则需要以课程体系建设与完善为切入点，重视培训学习机制的一体化建设，这对高职财经商贸类专业群的实践价值提高有促进作用。因此，结合高职财经商贸类专业群的实践发展，重点对相关课程体系的整体架构、教育模式等进行优化，提高专业群在专业知识学习中的作用。针对高职财经商贸类专业群的课程体系开发，以教学改革项目以及教育教学培育项目为导向，以专业人才培养课程体系改革为突破口，从人才需求调研以及教育工作任务分析着手，多角度分析专业人才对知识、能力、素质等方面的需求，并在构建高职财经商贸类专业群的过程中，建立“4+1”模块化课程

体系，其中包含通识教育模块、职业平台模块、职业能力模块以及职业能力拓展模块，还有以学生自主学习为核心的隐性课程模块。在对课程体系进行开发与拓展的过程中，建立仿真实训、生产性实训、岗位实训的阶梯式教育体系，这对进一步提高高职财经商贸类专业群的实践应用价值有促进作用。在实现高职财经商贸类专业群建设与发展中，课程体系的建设与完善，仍然存在一定的难点，这对高职财经商贸类专业群的课程体系建设与发展会产生直接的影响。而且在课程资源整合与完善的过程中，课程体系建设以及教学目标设定，仍然需要从职业发展的角度进行完善，这对提高高职财经商贸类专业群的课程一体化发展水平有现实作用。

第一，结合高职财经商贸类专业群的实际发展需求，在重视课程设置的过程中，则需要从商务、会计、贸易等多角度，对相关课程之间的关联性进行强化，并通过课程资源拓展，提高高职财经商贸类专业群中的课程衔接性以及递进性。为实现这一目标，可根据财经商贸的专业课程设置，对岗位建设、课程资源、专业发展需求等进行优化，并重视专业群的资源整合与完善，满足高职财经商贸类专业课程建设与协同发展的综合需求。为满足高职学生的实际发展需求，在整合财经商贸资源的过程中，可将不同的课程资源联系到一起，通过“4+1”课程模式的创建，可对相关课程资源的实践应用以及岗位适用性等进行完善，并在课程开发以及创新发展的基础上，提高财经商贸的课程开发水平。“4+1”课程模式的拓展，需要结合实际发展需求，对课程资源进行完善的同时，考虑人才跨学科学习以及提升的综合需求，提高高职财经商贸类专业群的课程一体化发展水平。

第二，在对相关课程资源进行整合的过程中，可从教学资源整合与拓展的角度，对相关课程资源之间的关联性进行完善，重视职业发展与课程资源的融合，在这一过程中，可以将课程培训机制进行完善，并在实践教学的基础上，通过专业培训，对岗位与人才能力之间的匹配度进行评估与分析，并在培训评估的过程中，实现跨学科的资源整合，在课程拓展的过程中，满足岗位对专业人才发展的综合需求。在这一视角下，构建高职财经商贸类专业群的培训机制，可从“4+1”培训建设的角度，对相关课程之间的逻辑关系进行细化，在完善培训机制的过程中，可将相关教育辅助技术与课程资源融合，进一步提高高职财经商贸类专业群的育人水平。

第三，从课程体系建设以及专业耦合度的角度，对相关专业的课程内容进行调研与论证，并根据高职财经商贸类专业群的综合建设需求，结合特色专业实际发展对专业人才培养的综合需求，形成关联性比较强的课程聚类，并根据数字化、智能化、信息化的课程融合机制，对财经商贸类专业进行融合，对高职财经商贸类专业群的网络化、一体化建设与发展具有积极作用。特色课程的开发与应用，则需要从课程广度以及深度的角度，将特色课程与产业链的发展结合在一起，这是高职财经商贸类专业群课程改革与创新的核心内容。

考虑到高职财经商贸类专业群课程体系在建设与发展中，需要重视专业群与产业群的深度契合，所以，在实现教育服务与技术创新的过程中，应发挥高职财经商贸类专业群的综合优势，针对课程内容以及人才发展等进行融合，在重视课程资源创新的基础上，满足高职财经商贸类专业群的专业人才培养需求。高职财经商贸类专业群的实践发展还存在一定的弊端，这对课程体系融合以及一体化发展会产生直接的影响。首先，在课程设置上，各专业之间往往缺乏有效的衔接性和递进性，导致学生在专业核心知识的掌握上存在断层。例如，财务管理和会计专业的课程之间，虽然在理论基础和技能要求上有重叠，但在深度和广度上缺乏关联性，使得学生在学习过程中可能会感到知识结构的混乱。其次，教学内容的更新与行业新技术、新标准的接轨不足，尤其是在数字化技术快速发展的今天，如大数据分析、云计算应用、区块链技术等，这些前沿知识在很多课程中的融入并不充分，使得学生在就业时可能面临技能滞后的问题。从教学实践的角度分析，高职财经商贸类专业群视角下，为迎合“两业融合”发展需求，对实践教学问题进行分析，有助于提高高职财经商贸类专业群的育人水平。但是，在实际发展的过程中，实践教学过程仍然需要考虑知识转化与发展问题。许多院校过于偏重理论教学，而忽视了实际操作和项目经验的积累。学习过程中缺乏与企业实践紧密结合的项目，导致学生在毕业后面临实践经验不足、适应能力较差的问题。实践教学环节的缺失，使得学生在掌握理论知识的同时，往往缺乏将知识转化为实际工作技能的能力，这在一定程度上降低了教育与产业需求的契合度。在实现高职财经商贸类专业群的课程一体化建设中，模块化课程体系的构建尚不完善，也是当前专业群课程体系的一大短板。同时，未能将课程内容划分为可独立学习、又相互关联的模块，使得学生在学习过程中难以形成系统的知识结构。这种缺乏模块化的课程设计，不利于学生按照自身兴趣和需求进行个性化学习，也阻碍了课程内容的灵活性和可扩展性。在培养培训一体化的探索中，高职财经商贸类专业群面临着现实与理想的差距。高职院校致力于将教学与产业需求紧密结合，但一体化的实施仍存在诸多挑战。首先，课程内容与实际工作需求的契合度不高，表现为教学内容与行业新标准、新技术的更新速度不同步。例如，电子商务专业的课程可能仍侧重于传统电商平台的操作，而对于新兴的社交电商、直播电商等模式的教学投入不足，导致学生毕业后可能无法迅速适应市场变化。由于校企资源整合问题，高职财经商贸类专业群在实际发展的过程中，企业资源的利用率不足，对高职财经商贸类专业群的实践课程开发与发展会产生直接的影响。校企合作水平不足，企业参与教学的程度不够，这限制了实践教学的有效开展。尽管一些学校尝试引入企业项目、设立实习高职院校财经商贸类专业群，但往往由于企业自身运营压力或合作机制不够健全，使学生实际获得的实践经验有限。此外，校企合作的形式化现象较为普遍，未能实现双方在人才培养、技术研发等多方面的深度融合。高职财经商贸类专业群的课程资源整合与发展，虽然理论课程比较完善，但是，实践课程的发展以及应用仍然不够完善，缺少有效的课程衔接机制，而且在实际操作经验和新技术应用上可能相对滞后，这制约了他们将最新行业知识融入课堂教学的能力。因此，重视课程体系建设与创新发展，需要考虑知识整合与人才职业发展之间的衔接性，通过课程开发与拓展，提高高职财经商贸类专业群的综合发展水平。

利用高职财经商贸类专业群对课程体系进行开发与拓展，则需要在整合专业群课程的基础上，解决高职财经商贸类专业软性非智力技能以及可持续发展能力培养问题。在构建高职财经商贸类专业群的课程体系中，重视相关岗位知识、能力、素质以及职业岗位迁移能力、可持续发展能力的培养，并将基础理论课程、基本能力、素质课程等整合在一起，将学生综合素质、非智力技能、工作岗位知识以及职业素养、专业创新能力等进行资源整合，对高职财经商贸类专业群的人才培养效果提高有促进作用。为实现专科课程构建与创新发展，梯度式培养体系的构建，则需要在现有课程体系建设中，针对校企合作以及基础课程开发等进行完善，并结合专业人才发展需求，对相关课程开发机制进行完善，从而提高专业人才培养的综合水平。在这一视角下，结合高职财经商贸类专业群的培养体系，通过教育资源整合，提高高职财经商贸类专业课程的发展水平。

高职财经商贸类专业群的基础课程建设与发展中，则需要从高职财经商贸类专业群建设的角度，对行业发展资源进行拓展，进一步提高高职财经商贸类专业群的课程发展水平。在这一视角下，构建“4+1”模块化的课程体系，按照认知规律以及职业发展规律的逻辑，设置模块化的课程结构，并将高职财经商贸类专业群按照不同模块进行设计，将立德树人、全面发展以及多样成才等教育目标融入课程体系中，并通过教育资源整合，实现高职技术技能人才培养的教育目标，而且在这一过程中，还可以体现学生的可持续发展目标，重视对人才职业能力的培养，并提高专业人才的岗位迁移能力、可持续发展能力。根据职业岗位的相关性设计以及规范职业能力、资源拓展能力的综合培养需求，则需要在链条式课程建设下，形成开放性的课程体系。在岗位建设与职业发展规划的过程中，需要根据不同岗位的发展需求，对课程体系进行完善，整合相关资源，并针对不同课程进行细化，从而达到培养专业人才的目的。

在提升高职财经商贸类专业群培养培训一体化的过程中，课程体系的整合与优化是至关重要的一步，所以，高职财经商贸类专业群的课程体系创新与完善，应以行业需求为导向，构建具有递进性和关联性的课程体系，确保学生在专业学习的每个阶段都能获得与其职业发展相匹配的知识和技能。结合现有课程，在对课程资源进行拓展中，专业课程设置应打破专业间的壁垒，确保核心课程在专业群内具有连贯性和递进性。例如，财务管理和会计专业可以共享基础会计课程，然后分专业进行财务分析和税务筹划等深化课程，保证学生在专业知识上的逐步深化。同时，课程体系的设计应考虑与职业标准的对接，确保学生在课堂学习中就能掌握到符合行业规范和标准的知识与技能。课程内容的更新与行业新技术、新标准的接轨是关键环节，重视数字化技术与高职财经商贸类专业群课程建设的有效融合，对高职财经商贸类专业群的稳定发展会产生直接的影响。因此，课程内容应当包含大数据分析、云计算应用、区块链技术等前沿知识，通过案例研究和实际操作，增强学生对新技术的理解与应用能力。同时，教学内容应定期进行更新，以反映行业发展的最新动态。高职财经商贸类专业群的实践课程设计与创新发展中，要将校内模拟实训与校外企业实习相结合，让学生在真实的工作环境中学习与应用知识。例如，可以设立跨专业的项目式学习，让学生在团队中解决实际问题，提高解决复杂问题的能力。此外，与企业合作开发课程，引入企业导师，不仅能提供最新的行业信息，也能让学生提前适应工作环境。构建模块化的课程体系是提升灵活性和可扩展性的有效途径。将课程内容划分为可独立学习的模块，学生可以根据兴趣和职业规划进行选择，有利于个性化和自主学习。模块化的课程设计还需确保模块之间的紧密联系，确保学生在完成不同模块的学习后能形成完整的知识体系。在整合与优化课程体系的过程中，教师应成为课程改革的推动者，定期参加行业培训，更新知识结构，以便在课堂上传授最新的行业信息。同时，教师与企业、行业专家的交流与合作，也是课程内容与实践相结合的关键。课程体系的整合与优化是提升高职财经商贸类专业群培养培训一体化水平的关键环节。通过课程设置的连贯性、内容的时效性、实践教学的强化以及模块化课程的构建，可以确保学生既能掌握扎实的基础知识，又能适应快速变化的行业环境，为他们未来的职业生涯打下坚实的基础。在实施课程改革的过程中，应注重教师队伍的建设与更新，以及与企业的深度合作，共同推动课程体系的持续优化，从而实现专业群培养目标与社会需求的无缝对接。在高职财经商贸类专业群的培养培训一体化模式设计中，一体化课程建设应着重强调理论与实践的深度融合，以及与产业需求的紧密对接。为了实现这一目标，提出以下建议：构建基于工作过程的课程体系，将实际工作流程融入课程设计，让学生在学习中模拟真实的工作环境，从而更好地理解和掌握专业技能。比如，在物流管理课程中，可以通过模拟真实的订单处理、仓储管理、配送调度等环节，让学生在实践中学习和提升。推行“双导师制”，结合校内教师的专业理论知识和企业导师的实践经验，为学生提供全面的指导。这种模式不仅能让学生在学习过程中接触到最新的行业动态，还能提高他们解决实际问题的能力。校内教师负责理论传授，企业导师则负责提供实践指导，两者互补，强化学生的综合素质。强化校企深度合作，通过共建实训高职院校财经商贸类专业群、设立实习岗位、开展项目合作等方式，让学生在真实的商业环境中进行学习。这不仅能提供大量的实践机会，还可以让学生提前适应职场环境，同时能让企业参与人才培养过程中，确保课程内容与行业需求的紧密贴合。实施混合式的课程一体化教学，结合线上和线下教学资源，提高教学效率。线上资源可以提供丰富的学习材料，而线下活动则可以加强师生互动和团队协作。混合式教学模式能够满足不同学生的学习需求，提高学习的主动性和效果。在评价体系上，采用多元化评价，包括理论考核、实践能力测试、项目展示和自我反思等，以全面衡量学生的专业技能、团队合作、创新思维和职业素养。这种评价方式有助于激励学生全面发展，而非仅仅关注学术成绩。强调持续改进和反馈机制，定期评估培养培训一体化模式的实施效果，以便及时调整教学策略，确保其始终与行业需求保持同步。通过与企业、行业组织和毕业生的持续对话，可以了解最新的职业需求变化，为课程体系的更新提供依据。培养培训一体化模式设计的核心是将课程内容与实际工作紧密结合，通过校企深度合作、双导师制、混合式教学模式和多元化评价，以及持续改进的反馈机制，确保学生在掌握理论知识的同时，具备行业所需的实践能力和创新精神，从而在毕业后能够迅速融入职场，为我国财经商贸行业的发展贡献力量。

第二节　以教学团队建设为着力点，组建高水平教学团队

“两业融合”视角下，高职财经商贸类专业群的构建与拓展，则需要以教学团队建设为着力点，并重视高水平教学团队的建设与发展，对高职财经商贸类专业群的综合发展水平提升具有促进作用。在整合教学团队的过程中，则需要在重视教学团队建设的基础上，针对“两业融合”的人才战略发展，对教育资源进行整合与完善，打造高水平教学团队，有助于提高实践教学的综合发展水平。因此，在实际发展的过程中，应重视高水平教学团队建设，教学团队构成与功能是决定教学团队能否高效运作、实现教学目标的核心要素。在高职财经商贸类专业中，教学团队通常由全职教师、兼职教师、企业专家和行政管理人员等多元角色构成。这种结构旨在集思广益，将理论知识与实践经验相结合，为学生提供全方位的学习支持。在教师人才方面，综合考虑全职教师的综合能力，教师在专业群建设与实际发展的过程中，承担着课堂教学、课程设计与改革、学生指导以及科研工作。他们的专业素养、教学能力和研究水平直接影响着教学质量。兼职教师，尤其是来自行业的专家，为教学团队带来了鲜活的行业知识和实际操作经验，有助于弥补全职教师存在的实践不足，增强课程的实践性和应用性。企业专家的参与，可以确保课程内容与行业标准、最新技术保

持同步，同时能为学生提供实习和就业的便利。行政管理人员在专业群的团队中负责协调资源、保障教学运行的顺畅，以及处理与教学相关的行政事务。他们确保教学团队内部的沟通畅通，使教学活动能够按照计划高效开展。教学团队的功能不仅局限于教学，还包括课程开发、学术研究、团队合作与创新、学生职业发展指导等多维度。课程开发是教学团队根据行业需求和学生能力，设计和优化课程体系，以适应不断变化的市场环境。学术研究则要求团队成员积极参与课题研究，将最新的学术成果融入教学，提高教学质量。团队合作与创新强调通过共享资源、交流思想，激发团队创新活力，以解决教学中的实际问题。学生职业发展指导则要求团队关注学生的全面发展，指导他们进行职业规划，提升就业竞争力。在构建高职财经商贸类专业高水平教学团队的过程中，团队成员的选拔与培养是至关重要的环节。一支高效的教学团队需要多元化的人才结构，包括理论深厚、经验丰富的全职教师，具有行业经验和最新技术知识的兼职教师，以及能够提供实践指导的企业专家。这样的团队结构能够确保教学内容既具有坚实的理论基础，又能紧跟行业发展的步伐，满足培养复合型人才的需求。团队成员选拔过程应注重人才的专业素养、教学能力与研究潜力。全职教师应优先选择具有博士学位或高级职称的教师，他们通常具备扎实的学术基础和丰富的教学经验。对于兼职教师，尤其是企业专家，学校应在行业内广泛寻找，确保他们具备与专业相关的最新技术和管理经验，以便将最新的行业知识和案例融入教学。同时，学校还应关注青年教师的潜力，通过提供专业发展项目，如教学能力提升培训、科研项目合作等，帮助他们快速成长。培养策略则需兼顾教师的学术成长和实践能力的提升，首先，定期举办学术研讨会，鼓励教师进行跨学科的学术交流，拓宽研究视野。其次，设立教师专业发展基金，资助教师参加国内外的专业培训和学术会议，接触最新的教育理念和行业动态。最后，与企业合作开展“双师型”教师培养计划，让教师有机会到企业挂职锻炼，提升实践教学能力。为形成持续学习和创新的团队氛围，高职院校应设立教师团队合作项目，鼓励教师跨专业、跨学科合作，共同研究教学方法改革、课程开发和科研课题。这不仅有助于知识的共享和创新，还能增强教师的团队协作能力。同时，学校还应建立一套完善的教师评价体系，将团队合作、教学创新、行业贡献等软性指标纳入评价范畴，以此激发教师的团队精神和创新动力。具体实践上，可以借鉴其他高职院校相对成熟的经验，通过与企业合作，建立专家库，定期邀请企业专家进行教学指导和讲座，同时鼓励教师参与企业项目，将实际工作经验融入教学。高职院校财经商贸类专业群建设中，应通过与企业合作，实现新技术在教学中的应用，提升教师和学生的数字化教学能力。团队成员的选拔与培养是构建高水平教学团队的基础，所以，在对高职院校财经商贸类专业群的教师团队进行拓展的过程中，其中涉及人才结构的优化、学术能力的提高、实践技能的增强以及团队合作与创新精神的培养。通过科学的选拔机制、系统化的培养策略，可以打造出一支既能引领学术前沿，又能紧密对接产业需求的高水平财经商贸类专业教学团队，从而推动我国职业教育的高质量发展。在构建高职财经商贸类专业高水平教学团队的策略中，优化团队的运行机制和建立有效的激励制度是至关重要的组成部分。良好的运行机制能够保证团队内部的高效沟通与合作，而合理的激励制度则能够激发团队成员的主动性和创新性，从而推动教学团队向更高水平迈进。

在高水平团队建设与发展中，应结合专业的实际发展需求，建立定期的团队会议制度，让每个成员都有机会表达观点、分享信息，共同讨论并解决教学和科研中的问题。同时，通过分工明确、责任到人，确保团队工作流程顺畅，避免任务重复或遗漏。引入现代信息技术手段，如在线协作平台，可以提高信息共享的效率，减少沟通障碍。此外，鼓励跨专业、跨学科的团队合作，组织专题研究小组，以促进多元思维的碰撞和知识的整合。激励制度的设计需兼顾公平性和多样性。在绩效评价方面，应当在考核团队整体业绩的同时，也要关注个人的贡献，确保评价的公正性。同时，绩效评价应当包含多元化的指标，如教学效果、科研成果、团队合作表现和创新贡献，以全面衡量教师的综合素质。对于表现优秀的团队成员，应给予适当的物质奖励，如提高薪酬、提供进修机会，以及精神激励，如授予荣誉称号、公开表扬等，以激发他们的工作热情和成就感。在激励制度中，应特别关注对年轻教师的引导和支持。通过设立青年教师成长计划，为他们提供职业发展规划、科研项目指导以及培训机会，帮助他们快速成长为教学团队的中坚力量。同时，鼓励教师参与教学改革与创新，对于成功实施的教学改革项目或创新性教学方法，应给予实质性的奖励，以促进教学团队的持续创新。值得一提的是，与企业合作的激励机制也是教学团队建设的重要环节。通过校企合作，企业专家可以为教学团队提供实践指导和行业资源，而学校则可以为这些企业专家提供学术支持和职业发展机会。在这样的合作中，可以设立合作成效的评价标准，如企业评价、学生就业满意度等，将合作成果与激励挂钩，共同推动教学团队与企业的互利共赢。通过与企业合作建立的激励机制，使教师能够及时更新知识，将最新的技术应用于教学，同时为企业输送了大量高质量的毕业生。这样的合作模式，不仅提升了教学团队的实践教学能力，也为校企双方带来了长期的收益。构建高职财经商贸类专业高水平教学团队的运行机制与激励制度，需注重团队合作的效率、评价体系的公平性以及对年轻教师和企业合作的特殊关注。通过优化运行机制，确保信息畅通和任务执行；通过多样化的激励制度，激发团队成员的积极性和创新精神。这样，才能形成一个充满活力、富有创新的教学团队，进而推动我国职业教育的高质量发展。

第三节　以深化校企合作为出发点，构建校企命运共同体

高等职业教育的改革与创新是实现我国教育现代化的必然要求。黄达人教授和曾天山教授的观点体现了这一共识，他们强调以培养高素质技术技能人才为核心，注重教学质量和学生满意度。在这一背景下，全国财经商贸类高职学校（专业群）高水平建设联盟的成立，标志着该领域进入了一个新的发展阶段。通过联盟合作，各院校可以共享资源，携手提高教育质量，强化与产业的对接，为学生提供更贴近市场需求的教育。校企合作的理论依据主要源于多学科理论的交融，包括人力资本理论、协同创新理论、生态系统理论和共生理论。人力资本理论强调了投资于人的知识和技能对于个人和社会经济发展的关键作用。在职业教育中，校企合作被视为一种投资于未来劳动力市场的有效方式，通过企业和学校共同培养，确保人才的技能与市场需求相匹配，从而提高整个社会的经济效率。协同创新理论则关注组织间的合作如何促进创新过程，特别是在知识密集型产业中。校企合作被视为一种促进技术创新和知识传播的有效途径，通过共享资源、知识和技能，企业能够获取最新的研究成果，而学校则能够将理论

知识转化为实践，推动技术进步。生态系统理论借鉴了生态学的概念，强调不同实体间的相互依赖与共生关系。在教育和产业之间，校企合作被视为一个动态、互惠的生态系统，学校作为知识生产者，企业作为知识使用者，双方通过互动促进资源流动、知识更新与技能提升，形成一个健康的、自我强化的创新网络。共生理论着重于复杂系统中不同组成部分的互利共生关系，指出在竞争激烈的环境中，合作成为实现共同繁荣的重要手段。校企合作正是这种共生关系的体现，通过建立命运共同体，学校和企业可以共担风险，分摊成本，共同受益，形成互利共生的动态平衡。这些理论为校企合作在财经商贸类专业群中的应用提供了坚实的理论支撑，表明它不仅是提高教育质量、培养技术技能人才的有效手段，也是推动区域经济创新与发展的战略选择。因此，深入理解和运用这些理论，有助于设计出更有效的校企合作模式，解决现存问题，构建稳定、高效、可持续的命运共同体，从而促进财经商贸类专业群的高质量发展。当前，高职财经商贸类专业群的校企合作进展较快，但同时存在一些问题，制约了其进一步深化和发展。首先，合作层次普遍停留在浅层次，多集中在实习实训、订单培养等环节，而在课程开发、教学改革、技术研发等深层次合作上相对较少。这种现象导致校企合作的育人功能未能得到充分利用，影响了人才培养质量的提升。校企合作的机制不完善，缺乏长期稳定的合作框架和制度保障。许多合作项目依赖于双方的临时协议，没有形成可持续的、制度化的合作模式，这使得合作的稳定性受到挑战，不利于资源的长期投入和共享。其次，合作中的权益分配和风险共担机制尚不成熟，导致企业对合作的参与度不高，担心投入资源后无法获得预期回报。合作过程中的资源利用不充分，尤其是在科研成果转化和企业资源开放方面。尽管一些院校和企业共同设立了技术研发平台，但转化成果的数量和质量仍有待提高。同时，企业内部的实践资源，如真实工作场景、案例分析、专家资源等，往往未能充分开放给学生，从而影响了学生实践能力和创新能力的培养。最后，推动财经商贸类专业群校企合作的深入发展，需要从政策层面、制度构建、资源共享和信息交流等多个维度进行改进。通过制定鼓励校企深度合作的政策，建立长期稳定的校企合作框架，以及优化资源分配和风险共担机制，可以调动企业参与的积极性。同时，加强信息交流，提高双方对合作需求和资源的认识，有助于设计更为精准的合作项目，实现资源共享的最大化。通过这些措施，有望推动校企合作从浅层次的接触迈向深层次的共生，从而构建一个真正意义上的命运共同体，让财经商贸类专业群在校企合作中发挥出更大的价值。财经商贸类专业群的建设实践表明，对接高端产业和产业高端是实现人才培养目标的关键。例如，高职财经商贸类专业群在建设与发展的过程中，通过整合专业资源，依托校企合作联盟，实现了复合型人才培养的集聚效应。同时，结合改革需求，重视“三新”融入“三教”改革，使课程内容与行业技术标准紧密相连，培养出具备行业前沿技能的人才。这些实例展示了校企合作在课程建设、实践教学等方面的积极影响，以及通过产教融合实现教育链与产业链深度对接的潜力。

在高职财经商贸类专业群的校企合作以及专业资源拓展中，当前校企合作仍面临诸多挑战，如合作层次不够深入、机制不够完善、资源利用不够充分等，这些问题制约了专业群的协同创新与持续发展。为解决这些问题，本书提出构建高职财经商贸类专业群命运共同体的策略，强调以共享、共赢为目标，通过深化产教融合，优化资源配置，强化协同创新。这种命运共同体的构建，旨在打破校企之间的壁垒，实现教育与产业的互利共生，从而提升专业群的整体竞争力，更好地服务区域经济与社会的需求。

从理论层面进行研究，高职财经商贸类专业群建设中，需要重视校企合作的有效开展，作为高等职业教育改革与发展的重要模式，其内涵主要体现在教育与产业的深度融合，以期培养符合市场需求的高素质技术技能人才。这种合作模式不仅涉及理论教学，还囊括了实践教学、科研创新、学生就业等多方面内容，旨在构建一个以提高教育质量、促进产业发展为目标的互利共赢平台。校企合作的特征首先体现在资源共享上。通过校企双方的紧密合作，教育资源得以充分利用，企业可以提供实现高职院校财经商贸类专业群、实训设备、行业案例等实践教学资源，而学校则能以专业的教学团队和科研实力，为企业提供技术咨询、员工培训等服务。这种资源的互补与共享，能够使教育更好地适应产业需求，增强学生的就业竞争力。

校企合作强调协同创新。企业作为产业的主体，对技术发展、市场动态有着敏锐的洞察，而学校则拥有深厚的基础理论和研究实力，两者结合能够推动科研项目的实施，促进科技成果的转化，加速产业技术升级。同时，校企合作也有助于课程内容的更新，确保教学内容始终与行业标准和岗位需求同步。校企合作的特征还体现在人才培养的定制化。通过与企业合作，学校能够深入了解行业对人才的具体要求，进而设计更具针对性的培养方案，实现人才规格与岗位需求的无缝对接。这种定制化的培养模式不仅有助于提升学生的专业技能，也有助于增强他们的职业素养，使他们在毕业后能够迅速适应工作环境。校企合作还具有动态发展的特性。随着产业环境的变化，校企合作需要不断调整合作模式，以适应新的发展需求。这要求双方持续沟通、紧密协作，共同探索适应时代发展的合作机制，确保合作的持续性和有效性。校企合作的内涵和特征体现了其在职业教育中的核心价值，即基于资源共享、协同创新和人才培养定制化，实现教育链与产业链的深度融合，从而提高教育质量，服务区域经济与社会的发展。然而，要充分发挥校企合作的潜力，还需解决合作层次不够深入、机制不够完善等问题，构建一个深度合作的命运共同体，确保校企合作的可持续性和互利共生。

构建高职财经商贸类专业群命运共同体的策略是深化产教融合的关键步骤，它要求学校与企业建立紧密、合作、互利的关系，以共同推动教育链、人才链、科技链与产业链的深度融合。创新合作模式，由浅入深。以往的校企合作往往停留在实习实训、订单培养等表面层次。为了推进命运共同体的构建，必须推动合作模式的创新，如设立校企联合研发中心，共同参与课程开发，进行师资队伍的共建共享。这样，不仅可以提高学生的实践能力，还能使教学内容与行业动态保持同步，确保教育的前瞻性和实效性。强化制度保障，构建长效机制。这包括建立长期合作框架，设立专门的校企合作治理机构，明确双方的权利和义务，以及利益分配和风险共担机制。通过制度化的合作，既能够提升企业的参与度，又能够保障学校在合作过程中的权益，形成稳定、可持续的校企关系。优化资源配置，实现共赢共享。高校和企业应共享资源，如教学设备、技术专利、行业专家等，共同投入研发项目，推广科技成果。这不仅有助于降低成本，提高效率，更能促进科技成果的实际应用，推动产业的创新升级。搭建信息共享平台，提高合作效率。通过建立信息交流机制，定期举办校企论坛、行业研讨会，让学校了解行业动态，企业掌握教育前沿，双方可以共同确定人才培养目标，设计适应市场需求的课程体系，提高合作的精准性和效率。还需注重双师队伍的建设，推动教师企业实践和企业专家驻校。通过定期的教师到企业挂职锻炼，以及邀请企业专家进校授课、参与教学设计，可以提升教师的实践教学能力，同时能将企业的实战经验引入课堂，使学生得到更贴近实际的教育。实施差异化培养，满足多元化需求。针对不同职业岗位的需求，组建结构化的教师团队，采用模块化课程设计，提供弹性学制，赋予学生更多的自主选择权，以适应不同求学群体的学习需求，实现多途径成长。通过这些策略的实施，可以打破高职财经商贸类专业群在开展校企合作中的壁垒，形成教育与产业的紧密联系，实现资源的有效整合，促进财经商贸类专业群的整体竞争力的提升。这不仅有助于推动专业群的高质量发展，还能更好地服务区域经济与社会的需要，为我国职业教育的现代化进程贡献力量。

第四节　以人才培养模式变革为落脚点，推动育人理念革新

随着社会经济的快速发展，高职财经商贸类专业群的教育面临着新的挑战与机遇。本书立足于当前高等职业教育的现实，以人才培养模式变革为切入点，探索推动专业群育人理念的革新路径。研究发现，当前高职财经商贸类专业群在课程设置、教学方法、校企合作等方面存在一定的局限性，制约了学生综合素质的提高和行业需求的对接。高职财经商贸类专业群的建设现状体现出在满足市场需求和行业发展的过程中，既有显著的进步，也存在一些局限性。首先，高职财经商贸类专业群的设置通常涵盖了财经、会计、金融、市场营销、物流管理等多个领域，旨在培养具有宽广

知识面和专业技术技能的复合型人才。学校通过构建模块化课程体系，将不同专业的核心课程进行整合，为学生提供了更为灵活和个性化的学习路径，有利于学生跨学科知识的获取和综合能力的提升。然而，当前专业群的课程设置往往过于偏重专业技能的传授，忽视了对学生综合素质的全面培养。课程内容与实际工作需求的对接不够紧密，使得学生在实际工作中面临理论与实践脱节的问题。此外，现有的教学方法多以传统的讲授为主，缺乏实践性、探索性和创新性，不利于培养学生的创新思维和解决实际问题的能力。在教学方法方面，尽管一些学校已经开始尝试项目驱动教学、案例分析等实践导向的教学方式，但尚未在所有专业群中普及。这限制了学生在真实情境中应用知识和技能的机会，不利于他们实践能力和团队协作能力的培养。校企合作是专业群建设的重要一环，但在实际操作中，深度合作的案例并不多见。很多学校与企业的合作停留在实习高职院校财经商贸类专业群、顶岗实习等较为初级的阶段，缺乏深度的课程共建、师资交流和科研合作。这种浅层次的合作模式难以实现教育资源与产业资源的真正融合，使学生在校期间就能接触到行业前沿，从而提高他们的就业竞争力。在数字化转型方面，虽然一些学校已经意识到信息化教学的重要性，例如，通过建设数字化教学资源、智慧课堂等，但在推动课程思政、数智化教材建设等方面，进展相对较慢。这导致学生在具备一定技术技能的同时，可能缺乏对行业发展趋势的洞察和对新技术的敏锐把握，从而影响其长远发展。高职财经商贸类专业群在专业群建设上已经迈出了第一步，但在课程设置、教学方法和校企合作上仍有待深化，以更好地适应社会经济的快速变化和行业发展的需求。通过改革人才培养模式，强化实践导向、创新能力和综合素质的培养，可以更好地推动专业群育人理念的革新。

在当前的高职财经商贸类专业群教育中，人才培养模式的局限性主要体现在以下几个方面。首先，课程设置往往过于注重专业深度，缺乏通识教育的融入，这导致学生在学习过程中可能过于偏重专业知识的积累，而忽视了人文素养、批判性思维等综合素质的培养。尽管模块化课程体系的构建为学生提供了更多选择，但如何有效地将专业教育与通识教育相结合，以培养全面发展的人才，仍然是一个挑战。教学方法过于依赖传统的讲授式教学，缺乏实践性和创新性。尽管一些学校尝试引入项目驱动、案例分析等教学手段，但这些方法并未广泛实施，学生在课堂上的参与度和主动学习的机会可能受到限制。这不仅影响了学生实际操作能力的提高，也可能阻碍他们创新思维的培养。校企合作方面，尽管部分学校与企业建立了合作关系，但在深度合作方面仍有待加强。当前的合作模式往往集中在实习高职院校财经商贸类专业群和顶岗实习等较为初级的阶段，而缺乏在课程设计、师资互聘、科研合作等深层次的互动。这使得学生在学习过程中很难获得与行业需求紧密相连的知识和技能，进而影响其就业竞争力的提高。数字化转型作为现代教育的重要趋势，在财经商贸类专业群中虽然有所探索，但在课程思政和数智化教材建设方面，进展相对较慢。这使得学生可能未能充分借助数字化工具来提升学习效果，也无法充分利用大数据、人工智能等技术辅助学习，导致他们在面对未来快速发展的行业时，可能在技术和思维上准备不足。当前的人才培养模式仍需进一步改革，以期通过强化实践导向、创新能力和综合素质的培养，实现专业教育与通识教育的深度融合，使学生在具备专业技能的同时，具备良好的综合素质，以适应快速变化的市场需求。这要求教育工作者积极探索科技在教学中的应用，深化校企合作，推动课程创新，以实现真正意义上的个性化教育，培养出具备全球视野、创新精神和社会责任感的复合型人才。

在对高职财经商贸类专业群的实际发展进行研究中，则需要考虑整体发展需求，对职业教育模式以及资源整合过程进行优化，在实际发展的过程中，职业教育在国家人才培养体系中的地位日益凸显，特别是在财经商贸类专业领域。这些专业不仅肩负着为社会输送应用型、技术技能型人才的重任，而且在推动产业升级、服务区域经济发展等方面发挥着关键作用。然而，当前的高职财经商贸类专业群在教育模式、课程设置、实践教学等方面还存在一些不足，与快速变化的市场需求和技术进步存在一定的脱节，这促使人们重新审视并改革现有的育人理念和模式，以期培养出更具竞争力的高素质复合型人才。职业教育自身的发展也要求进行人才培养模式的变革，传统的课程体系往往过于注重专业深度，忽视了通识教育与专业教育的深度融合，这在一定程度上限制了学生的全面发展。此外，教学方法的单一化，如过于依赖讲授式教学，也制约了学生主动学习和创新思维的培养。加之校企合作往往流于形式，缺乏深度和实效，使得学生在进入职场时可能面临实践能力不足的问题。因此，改革人才培养模式，构建更加灵活、富有创新的教学体系，对于提升财经商贸类专业学生的竞争力至关重要。

产教融合是推动高职财经商贸类专业群育人理念革新的一项关键策略，鉴于此，建立深度校企合作关系是实现产教融合的基础。学校应主动寻求与行业内领先企业的合作，共同制订符合行业需求的人才培养方案。这种合作不仅包括实习高职院校财经商贸类专业群的建立，更重要的是在课程开发、师资队伍建设、实习实训标准制定等环节实现深度合作。例如，学校可以聘请企业专家作为兼职教师，参与教学设计，确保课程内容与实际工作场景紧密联系。同时，定期邀请企业代表参与教学评估，及时反馈行业动态，确保教育内容的时效性。实施项目驱动的教学方法是产教融合的有力支撑，通过引入真实的项目或案例，让学生在解决实际问题中学习和提升，这有助于提高学生的问题解决能力和创新思维。学校可以与企业合作，设立面向真实商业环境的项目，让学生参与实际的研发、营销、管理等环节，从而在实践中提升技能，了解行业规范，培养团队协作精神。创建产教融合实训高职院校财经商贸类专业群和创新平台，是强化学生实践能力的必要手段。实训高职院校财经商贸类专业群应配备行业先进的硬件设施和软件环境，让学生在模拟或真实的环境中进行技能训练。同时，鼓励学生参加各类创新创业竞赛，提供项目孵化支持，培育学生的创新精神和创业意识。高职院校应运用大数据、云计算、人工智能等技术手段，收集和分析学生的学习数据，为个性化教学提供依据。通过虚拟仿真实训、在线课程等数字化资源，打破时空限制，提升教学效果。同时，通过网络平台与企业进行实时信息交流，确保教学内容与行业需求的实时同步。

政府应出台更多鼓励校企合作的政策，提供资金支持和税收优惠，激发企业和学校开展深度合作的积极性。学校内部也需要建立健全与产教融合相适应的管理制度，如学分互认、教师交流制度等，以消除制度上的障碍。高职财经商贸类专业群可以有效实施产教融合，从而在人才培养模式上实现创新，为学生提供更具实践性和前瞻性的教育，使他们在毕业后能够迅速适应职场环境，实现个人价值的同时，为社会经济的可持续发展注入新鲜力量。课程体系的改革与创新是高职财经商贸类专业群育人理念革新中的核心环节，传统课程设置过于注重专业深度，缺乏通识教育的融合，这使得学生在学习过程中可能过分侧重专业知识，而忽视了综合素质的培养。为了培养全面发展的复合型人才，课程体系必须进行模块化改革，强调专业教育与通识教育的深度融合。

构建模块化课程体系是实现个性化学习价值，可以结合实际发展，将专业群的课程划分为不同的模块，每个模块围绕特定的知识点或技能展开，学生可以根据自身兴趣和职业发展规划，选择不同的模块组合，实现个性化学习路径。模块化的课程设置可以确保学生在掌握专业基础知识的同时，有机会探索其他领域，提升跨学科思考和创新能力。在专业课程设计上，应当以行业需求为导向，紧跟时代步伐，注重实践与理论的结合。例如，财经专业的学生不仅需要学习财务管理、会计学等基础知识，还应通过项目驱动的课程，如模拟企业经营、财务分析项目等，提高他们在真实情境中的应用能力。通过案例研究和分析，让学生学会解决实际问题，增强其对行业发展趋势的理解。同时，通识教育是培养学生全球化视野和综合素质的重要途径，应将通识教育课程纳入专业群课程体系，涵盖人文科学、社会科学、自然科学等多领域，旨在提升学生的批判性思维、创新精神和沟通能力。例如，可以通过开设“经济全球化与伦理”“数据分析思维”等课程，让学生在专业学习中融入多元知识，拓宽他们的全球视野。

通过在专业课程中融入思政元素，如以实际案例探讨经济活动的伦理道德问题，让学生在学习专业知识的同时，理解并践行社会主义核心价值观，培养他们成为具有社会责任感的公民。科技的融入也是课程体系创新的重要组成部分。利用大数据、人工智能等技术，可以实现个性化教学，为学生提供定制化的学习资源和反馈。例如，通过智能化学习平台，实时监测学生的学习进度和理解程度，给予个性化的学习建议和指导。同时，线上课程和虚拟实验室的使用，可以突破时空限制，让学生在深度实践中提升专业技能。课程体系的改革与创新应以学生为中心，强调模块化、实践导向和跨学科融合，同时结合课程思政，充分利用科技手段，旨在培养财经商贸类专业学生具备专业知识、创新能力、通识素养和全球视野，以适应社会经济的多元化需求。这样的课程改革将推动职业教育的高质量发展，为社会输送更为全面、适应性更强的高素质人才。在高职财经商贸类专业群的教育改革进程中，育人理念的革新是至关重要的驱动力。本章将探讨如何通过创新的育人理念，以适应社会经济的快速发展，满足行业对高素质复合型人才的需求，并为未来教育的发展勾勒蓝图。以学生为中心的教育理念应当成为改革的核心。这意味着教育的重心从传统的知识传授转向帮助学生发掘自我潜能，培养独立思考、批判性思维和解决问题的能力。学生应被赋予更多的学习自主权，通过项目驱动、案例分析等教学方法，参与实践，提高创新和实践能力。课程设计应围绕学生的职业发展需求，提供个性化的学习路径，同时加强跨学科教育，培养学生的综合素养。课程体系的构建应体现模块化和动态化，以适应行业的变化。模块化课程体系允许学生根据兴趣和职业目标选择不同模块，而动态化意味着课程内容应随着行业发展趋势调整，确保教育内容始终与实际工作需求紧密结合。此外，通识教育与专业教育的融合至关重要，旨在培养学生的全球意识、人文素养和道德情操，使其成为有社会责任感的公民。课程思政的融入是育人理念革新中的重要一环。它旨在培养学生的道德品质、公民意识和社会主义核心价值观，从而在专业教育中深化对学生价值观的塑造。通过将思政教育与财经商贸课程有机结合，学生能够在掌握专业知识的同时，形成良好的职业道德和社会责任感。科技在教育中的应用是推动育人理念革新的强大工具。大数据、云计算、人工智能等技术可以实现个性化教学，根据学生的学习情况提供定制化的教育资源和反馈，提升教学效果。同时，通过在线课程和虚拟实验室，可以模拟真实的商业环境，培养学生的实践技能。科技的融入将教育从传统的教室扩展到更广阔的空间，深化产教融合，提升教育的实效性。

随着创新驱动发展战略的推进，职业教育将更加关注创新能力和创业精神的培养。因此，教育应注重培养学生的创新思维，鼓励他们参与科研项目，以提高其在创新领域的竞争力。同时，终身学习的理念也将更加深入人心，职业教育将为学生提供持续学习的机会，以应对行业的快速变化和终身职业发展的需求。国际化视野的培养也将成为育人理念革新的重要组成部分。通过国际交流与合作，引入国际先进的教学理念和方法，培养学生的全球视野和跨文化交流能力。同时，积极参加国际认证，提升专业教育的国际化水平，为学生提供更广泛的职业发展机会。育人理念的革新应当围绕以学生为中心，强调实践导向、跨学科融合和科技赋能，注重课程思政，强化创新能力和国际化视野的培养。这样的改革将有助于培养出适应新时代需求的高素质财经商贸类复合型人才，推动我国职业教育的高质量发展，为社会经济的繁荣贡献力量。在未来，教育工作者需要持续探索和实践，以塑造更加高效、灵活和包容的育人理念，为每一位学生提供实现自我价值的舞台。

第五节　以建设实训基地为依托点，建设智能产教融合基地

在全球化和信息化的背景下，职业教育的内涵和外延也在不断拓展。

产教融合的理念逐渐深入人心，社会需要校企合作、工学结合，以培养学生的实际操作能力和创新精神。实训高职院校财经商贸类专业群作为这一理念的实体支撑，不仅为学生提供了真实的工作场景，还为企业提供了实用型人才的培养平台，实现了教育链与产业链的无缝对接。在这一点上，国内外的实践已经证明了实训高职院校财经商贸类专业群对于提升职业教育质量的显著作用。随着教育部对实训高职院校财经商贸类专业群建设的重视和政策引导，越来越多的学校开始投入资源建设功能齐全、设施先进的实训场所。然而，尽管取得了一定的突破，但国内实训高职院校财经商贸类专业群的建设仍面临一些挑战和问题。

高职院校财经商贸类专业群功能单一的问题依然存在，许多实训高职院校财经商贸类专业群仍侧重于单一技能的训练，未能充分挖掘其在跨专业协同、项目式教学、创新创业教育等方面的作用。这导致学生在实践中难以得到全面的技能提升和综合素质的培养。政策文件虽有倡导，但在实际操作中，由于师资力量、设备限制以及教学模式固化等原因，未能有效实现高职院校财经商贸类专业群的多功能性。资源共享困难的问题也不容忽视。不同院校之间，甚至同一学校的不同专业之间，实训高职院校财经商贸类专业群资源的共享程度较低，浪费了宝贵的教育资源。这主要是由于缺乏有效的资源整合机制，以及对数据和信息的互通共享的重视程度不够，从而限制了实训高职院校财经商贸类专业群效益的最大化。国内实训高职院校财经商贸类专业群的信息化建设水平参差不齐，很多高职院校财经商贸类专业群还停留在传统的教学模式，未能充分利用现代信息技术进行远程教学、实时监控和效果评估。这不仅影响了教学效率，也限制了实训高职院校财经商贸类专业群在提升学生实践能力方面的潜力。同时，高职院校财经商贸类专业群的管理与运行机制在一定程度上制约了其作用的发挥。传统的管理模式往往过于僵化，对于快速变化的市场需求和技术发展反应不灵活，导致高职院校财经商贸类专业群的建设与更新不能及时跟进。而以人为本、动态调整的管理模式尚未得到广泛推广，使得实训高职院校财经商贸类专业群的适应性和灵活性不足。以我国"十三五"期间的教育政策为例，国家大力推动专业群的建设，希望通过跨专业的协同，培养具备综合职业能力的现代技术技能人才。专业群的构建，实质上是对传统专业设置的创新，它以产业需求为导向，集合相关专业，形成有机整体，以适应产业发展的多元化需求。在财经商贸类专业群中，融合高职院校财经商贸类专业群的建设更是关键，它能够整合财经、管理、营销等多个领域的教育资源，让学生在实践中理解和应用跨专业的知识，以应对日益复杂的商业环境。在建设高职财经商贸类专业群融合高职院校财经商贸类专业群时，首要任务是明确高职院校财经商贸类专业群的功能定位与建设目标，以确保资源的有效整合和目标的顺利达成。高职院校财经商贸类专业群的功能定位应在满足学生实践技能培养的基础上，探索多维度、多层次的教育功能，以适应现代职业教育的多元化需求。

首要功能是实践技能提升。高职院校财经商贸类专业群应作为学生将理论知识转化为实践操作的平台，通过模拟真实工作情境，让学生在项目中锻炼和提升财经、商贸、管理等多个专业领域的实践技能，培养解决实际问题的能力。高职院校财经商贸类专业群内应设置各类实训室、实验室，同时配备先进的教学设备和模拟系统，以支持不同专业课程的实践教学。

高职院校财经商贸类专业群应当注重跨专业协同与创新。通过设置跨专业的综合实训项目，鼓励学生从不同专业角度出发，解决同一问题，培养教师的协同能力和创新思维。这有助于打破学科壁垒，培养具有复合型技能的高素质人才，以适应现代产业对多元化人才的需求。高职院校财经商贸类专业群应成为教学、科研、社会服务的综合平台。一方面，它可以支持教师进行科研项目，与企业合作进行技术开发，为学生提供参与科研活动的机会，培养教师的科研素养，在这一过程中，可从科学研究、专业发展以及职业素养等角度进行拓展，对提高专业人才的教育能力以及职业素养的具有促进作用。另一方面，高职院校财经商贸类专业群还可以提供社会培训和咨询服务，为区域经济和社会发展提供技术支持，实现校企合作的深度和广度。

在建设目标上，高职院校财经商贸类专业群应致力于实现以下几点：一是成为区域财经商贸类人才的重要培养高职院校财经商贸类专业群，为毕业生提供高质量就业的保障；二是推动校企深度合作，构建产教融合的生态系统，服务区域产业发展；三是成为创新教育模式的示范平台，引领高等职业教育的改革与发展；四是借助信息化技术，实现实训资源的智能管理和高效利用，提高教学效率和质量。

通过明确高职院校财经商贸类专业群的功能定位与建设目标，将能够有针对性地规划和实施高职院校财经商贸类专业群的建设，以期在提升学生实践能力、推动专业群协同创新、服务社会经济等方面发挥重要作用。此外，高职院校财经商贸类专业群的管理与运行机制也应围绕这些目标进行改革，强调开放性、灵活性和智能化，以适应职业教育的动态发展需求，进而推动我国高职财经商贸类专业群融合高职院校财经商贸类专业群的高质量建设。在建设高职财经商贸类专业群融合高职院校财经商贸类专业群的进程中，课程体系与教学模式的创新是关键环节，它们直接影响着学生的学习效果和实践能力的提升。课程体系的构建应以培养学生的综合职业能力为目标，强调专业群内各专业的协同性和交叉性，而教学模式的变革则应注重实践导向，强调与企业实际需求的紧密对接。课程体系的创新要以产业需求为导向，打破传统专业壁垒，构建跨专业的课程模块。例如，可以设计“财经案例分析”“商贸策略模拟”等课程，鼓励不同专业的学生共同参与，通过跨专业团队合作，解决复杂的财经商贸问题。同时，课程内容应包含最新的行业动态和前沿技术，以确保学生所学知识与实际工作环境保持同步。教学模式的创新应采取项目导向、工学结合的方法。将企业的真实项目引入课堂，让学生在完成项目的过程中学习和应用专业知识，这不仅有助于提升学生的实践能力，还可以通过高职院校财经商贸类专业群的建设，对相关资源进行拓展，从而提高育人发展水平。与此同时，引入企业导师，建立双导师制，也是教学模式创新的重要措施。企业导师以其实践经验，可以为学生提供行业视角和实战指导，弥补学校教师在实践教学中的不足。同时，定期的企业走访、行业讲座等活动，能够增强学生对行业动态的理解，拓宽视野，提升就业竞争力。信息化技术在课程体系与教学模式创新中的应用也不容忽视。通过构建在线学习平台，提供虚拟实训环境，可以实现资源共享和远程教学，提高教学效率。利用大数据分析，教师可以实时监控学生学习进度，进行个性化的辅导，确保教学质量。同时，引入人工智能、云计算等技术，可以模拟真实工作场景，提供沉浸式学习体验，帮助学生更好地掌握专业技能。为了确保课程体系与教学模式创新的有效实施，应建立动态评估与反馈机制，定期收集学生反馈，调整课程内容，优化教学方法。同时，教师的培训和激励机制也需进一步完善，鼓励教师参与教学改革，提升他们的教学创新能力和信息化素养。通过改革课程设置，引入项目导向和工学结合的教学模式，以及充分利用信息化技术，能够培养出具备跨专业技能和实践能力的复合型人才，为区域经济和产业发展提供有力的人才支持。

第六节　以高职财经商贸类专业群信息平台为连接点，提升教育质量和服务能力

整合行业资源，构建企业情境化课程体系；建设虚拟仿真和实物操作相结合的实践教学环境；建立校企合作机制，实现师资队伍的双元化；运用大数据分析，实现教学过程的精准化及效果评估。这些策略旨在提升学生的技术技能，增强其在实际工作中的适应能力。同时，通过提升服务地方经济的能力。通过高职财经商贸类专业群信息平台的构建与应用，高职财经商贸类专业群的教育质量得以提升，学生不仅在专业知识与技能上得到强化，更在创新思维和团队协作等方面得到锻炼，从而更好地满足社会对高素质技术技能人才的需求。此外，平台的开放性与共享性也有助于专业群服务社会、辐射行业，形成教育与产业的良性互动，为高职教育的可持续发展注入新的活力。

当前，高职财经商贸类专业群的教育呈现出多元化和动态化的特征，然而，在适应数字经济的时代需求和提升服务质量方面，仍面临一些挑战。首先，课程体系与实际市场需求存在脱节现象。传统的课程设置往往滞后于行业发展的步伐，未能及时反映新知识、新技术和新标准，这使得学生所学知识在一定程度上与实际工作所需技能有所偏离。例如，大数据分析、云计算技术等新兴技能在课程中的权重不足，导致毕业生在面对实

际工作中的技术问题时显得准备不足。其次，实践教学资源相对匮乏，尤其是与企业实际运营紧密对接的实训环境。尽管部分院校投入资金建设模拟实训室，但这些设施往往无法真实反映企业的业务流程和工作环境，学生在模拟环境中的操作与实际工作中的问题解决能力存在差距。再次，实物操作机会有限，虚拟仿真技术的应用尚未普及，这在一定程度上限制了学生技术技能的实践和提升。复次，师资队伍的双元化程度不高，教学队伍中拥有丰富行业经验的教师比例相对较低。这不仅影响了教学内容的时效性和实用性，也限制了教师将行业实践与理论教学有效融合的能力。师资队伍建设需要进一步加强与企业的合作，鼓励教师定期到企业挂职锻炼，提升其专业实践能力。最后，教学过程和效果评估手段较为传统，尚未充分利用大数据进行精准化管理和追踪。当前，多数院校仍依赖传统的考试和作业来评价学生的学习效果，而忽视了对学生实践能力、创新思维和团队协作等关键技能的全面评估。大数据分析的引入能够提供实时、个性化的反馈，帮助教师精确识别学生的学习困难，从而调整教学策略，提高教学效果。

高职财经商贸类专业群的教育现状在一定程度上制约了教育质量的提升和服务能力的增强。为解决这些问题，本章提出以高职财经商贸类专业群信息平台为连接点，通过整合行业资源、优化实践教学环境、建立校企合作机制以及利用大数据进行教学评估，以期构建一个适应数字经济时代需求，能够精准培养复合型技术技能人才的教育体系。在高等职业教育中，财经商贸类专业群的教育质量问题与服务能力问题日益凸显，成为制约其适应数字经济与产业升级的“瓶颈”。首要的问题是课程体系与市场需求的脱节。尽管高等教育机构努力更新教学内容，但课程设计往往滞后于行业瞬息万变的实际需求。例如，面对大数据、人工智能等新兴技术的广泛应用，许多财经商贸专业并未充分融入这些技术，导致学生所学知识与实际工作中的技术要求存在显著差距。这不仅削弱了学生的就业竞争力，也影响了教育服务社会的效能。

尽管一些学校建立了实训室，但模拟环境往往无法复制实际商业环境的复杂性和不确定性，使得学生在面对真实世界挑战时缺乏应对经验。实物操作的机会相对有限，虚拟仿真技术的应用进展缓慢，阻碍了学生技术技能的深度实践和熟练掌握，限制了其适应实际工作环境的能力。理论型教师虽能提供较扎实的学科知识，但缺乏充分的行业实践经验，使得教学与实践之间存在鸿沟。欠缺行业背景的教师在将理论与实践结合、指导学生解决实际问题上可能显得力不从心。这不仅影响了教学质量，也限制了学生技术技能的培养和应用能力的提升。教学过程和效果评估的单一性也影响了教育质量的提升。传统的教学评价方法侧重于理论知识的掌握，而对于实践能力、创新思维和团队协作等软技能的评估往往不足。缺乏大数据分析的应用，使得教学反馈滞后且不够精准，难以提供及时有效的教学改进策略。这些问题共同制约了财经商贸类专业群的服务能力。教育机构未能有效回应企业对复合型技术技能人才的需求，导致毕业生在就业市场上的适应性降低，影响了职业教育对地方经济发展的贡献。同时，传统教育模式的封闭性和资源的有限共享，限制了专业群对行业发展的辐射和推动作用。因此，教育质量问题与服务能力问题亟待解决，以确保财经商贸类专业群在数字经济时代能够提供高质量的教育服务，培养出既能理解复杂经济环境，又能熟练运用新技术的复合型人才。通过构建高职财经商贸类专业群信息平台，整合行业资源，优化实践教学环境，强化师资队伍的双元化，并利用大数据进行精准教学和效果评估，有望从根本上改善这些问题，进而推动专业群教育质量与服务能力的双重提升。

随着现代科技的快速发展，高职财经商贸类专业群信息平台在高等职业教育中的作用日益凸显。本章旨在通过构建高职财经商贸类专业群信息平台，提升高职财经商贸类专业群的教育质量和整体服务能力。新技术的应用不仅改变了企业的运营模式和业务场景，也对行业人才的知识结构、技能水平和创新能力提出了新的挑战。在这样的背景下，具备数字技能的复合型财经商贸人才成为企业迫切需求的稀缺资源。例如，广东工贸职业技术学院的“三新”改革模式，通过将新技术、新标准、新场景融入教师技能、教材和教法的改革，有力地推动了职业教育的升级，使其能够紧跟数字经济的发展步伐，培养出符合市场需求的高素质技术技能人才。同时，高等职业教育也在积极响应国家政策，致力于培育高水平专业群，以适应产业转型升级的需求。全国金融职业教育教学指导委员会主办的高职财经商贸大类高水平专业群建设暨数字化教学资源建设与应用培训班，就是针对这一趋势的响应。培训班探讨的议题，如教师、教材、教法的改革，专业群建设，以及数字化教学资源的开发与应用，都揭示了在数字化时代，高等职业教育必须以课程为核心，打造高质量、创新型的教师队伍，以学生为中心，注重实践能力和创新思维的培养，以实现与产业的深度融合。校企合作与产教融合已成为提升职业教育质量和服务能力的关键途径。再如，江苏经贸职业技术学院的“双螺旋”结构产教融合生态模式，通过政、行、校、企、研多元合作，构建了“数智化”技术技能创新服务平台，实现校企资源的深度整合和共享，有力地提升了人才培养的针对性和有效性，同时推动了产业的创新发展。这种模式有助于打破传统教育与产业间的壁垒，形成教育与产业的良性互动，为高等职业教育的可持续发展注入了新的活力。

因此，构建高职财经商贸类专业群信息平台，以期实现教育资源的有效整合、实践环境的优化、师资队伍的双元化以及教学过程的精准化，对于提升高职财经商贸类专业群的教育质量和整体服务能力具有显著的意义。通过高职财经商贸类专业群信息平台的构建与应用，不仅能强化学生在专业知识和技能上的积累，更能培养他们的创新思维、团队协作和社会服务能力，使之更好地满足现代社会对高素质技术技能人才的需求。同时，开放性和共享性的平台特性也有助于专业群服务社会，辐射行业，形成教育与产业的深度协同，进一步推动区域经济的发展。综上所述，高职财经商贸类专业群信息平台的深入应用对于推动高等职业教育的变革与创新，实现教育质量和服务能力的双提升，无疑具有深远的影响。

高职财经商贸类专业群信息平台的构建与应用，其理论基础涉及多领域和多维度的观点融合，主要包含教育信息化理论、生态位理论以及知识经济时代的教育需求理论。教育信息化理论强调了技术在教育过程中的核心作用，认为通过信息技术，可以实现教育资源的优化配置，提高教学效率，促进个性化学习，并且能够跨越时空限制，实现知识的共享与传播。高职财经商贸类专业群信息平台正是教育信息化的实践产物，它借助云计算、大数据、人工智能等先进技术，为学生和教师提供了一个集教学、实践、评价和交流于一体的数字化学习环境。生态位理论则从社会系统角度理解高职财经商贸类专业群信息平台的运行机制。它认为平台是一个由多角色互动的生态系统，每个角色（如学生、教师、企业、社区等）都在其中占据特定的“生态位”，通过资源交换和合作，实现个体与整体的共赢发展。平台通过构建这样的生态，促进信息的流动，实现学习资源的优化配置，同时促进了教育与产业的深度融合。知识经济时代的教育需求理论指出，随着经济由物质资本驱动转向知识资本驱动，教育的目标不再仅仅是知识的传递，更在于培养个体的创新思维、批判性思考和终身学习能力。高职财经商贸类专业群信息平台通过模拟真实工作情境，提供多元化的学习资源和实践活动，鼓励学生主动探索、实践和创新，这与知识经济时代对人才的新型需求相契合。与此同时，将这些理论进行融合，高职财经商贸类专业群信息平台的理论框架呈现出一个以学生为中心，融合了教育信息化、生态位管理和知识经济时代需求的立体结构。平台通过整合行业资源，构建动态、开放的课程体系，提供虚拟与实体相结合的实践环境，促进校企深度合作，利用大数据进行精准教学和评估，从而实现教育质量的提升和学生技术技能的全面发展。同时，平台的开放性和共享性也使其成为连接教育与产业的桥梁，推动专业群与社会经济的深度融合，为区域经济注入新的活力。

在高等职业教育中，高职财经商贸类专业群信息平台作为连接教育与实践的桥梁，是实现教育质量和服务能力提升的重要工具。通过整合行业资源、建设先进实践环境、促进校企合作和实施精准教学，高职财经商贸类专业群信息平台为解决财经商贸类专业群的教育现状与问题提供了一条切实可行的路径。通过与企业深度合作，平台能够将最新的行业标准、技术趋势和实际案例融入课程体系，确保学生所学内容与市场需求紧密对接。例如，通过开设企业情境化课程，学生可以在模拟真实的商业环境中学习和应用专业知识，这不仅能够提升其专业技能，也能增强其对行业动态的敏感度和适应能力。

高职财经商贸类专业群信息平台应当构建一个融合虚拟仿真和实物操作的实践教学环境。虚拟仿真技术在提供无风险的实验空间的同时，也能模拟复杂的商业场景，让学生在接近真实的环境中反复练习和学习。实物操作则为学生提供了直接接触和操作真实设备的机会，这有助于他们在实际工作中能够快速上手。通过搭建这种混合式实践环境，高职财经商贸类专业群信息平台能够培养学生的动手能力和问题解决能力，使其在毕业时具备更强的就业竞争力。通过与企业共建师资队伍，教师可以定期到企业挂职，了解行业动态，增加实践经验，从而在教学中更好地将理论与实践相结合，提升课程的实用性和针对性。同时，企业专家的定期讲座和学生的企业实习，可以进一步强化这种互动，确保学生在学习过程中就能体验到真实的职场环境。利用大数据进行教学过程的精准化管理和效果评估是高职财经商贸类专业群信息平台的另一关键应用。通过收集和分析学生的学习数据，教师可以实时了解学生的学习进度，发现他们的学习难点，从而调整教学策略，提供个性化的指导。同时，大数据还可以帮助教师评估教学效果，追踪学生技能的提升，为持续改进教学方法提供依据。高职财经商贸类专业群信息平台的开放性和共享性使其成为服务社会、辐射行业的有效工具。平台可以开放给社区、行业伙伴和潜在雇主，让他们了解学生的技能发展，这有助于搭建一个教育与产业之间的互动平台，为学生提供更多的实践和就业机会。同时，平台也可以作为行业研究和培训的资源库，为专业群提供持续更新的知识和技术支持，推动行业整体发展。构建高职财经商贸类专业群信息平台，不仅能够提升财经商贸类专业群的教育质量，使其课程体系与市场需求保持同步，而且能够通过提供多元化实践机会和精准教学，增强学生的实践能力和创新能力。更重要的是，开放共享的平台特性使得专业群能够更好地服务社会，与行业形成深度互动，促进职业教育与产业的协同创新，实现教育与经济发展的双赢。因此，高职财经商贸类专业群信息平台的应用策略是推动高等职业教育改革，提升服务能力和应对数字经济挑战的有效途径。

第七节　以保障机制建设为支撑点，促进专业群可持续发展

高职财经商贸类专业群的创新发展，需要重视保障机制的建设与发展，提高高职财经商贸类专业群的可持续发展能力。在这一视角下，高职院校在整合市场资源的过程中，从高职院校的保障机制以及资源发展的角度，对高职院校针对专业课程、专业群建设等进行重点开发，并形成关联性比较强的高职财经商贸类专业群。根据国务院颁布的《国家职业教育改革实施方案》，其明确提出要建设高职教育体系，需要在整合专业发展的基础上，通过职业教育改革以及教育模式拓展，高职财经商贸类专业群的保障机制，应重视专业群的可持续发展力，在这一过程中，从专业人才、技术引入以及专业服务等角度进行优化，这对进一步提高高职财经商贸类专业群的综合育人水平具有现实意义。

在“两业融合”视角下，高职财经商贸类专业群的保障机制，应从管理机制的角度，对专业技术进行整合，结合专业人才的综合发展需求，建立高职财经商贸类专业群的内在联系与组织结构，通过专业管理机制，实现人才培养与教育工作的协同发展。在实现“两业融合”的过程中，高职财经商贸类专业群的构建与发展，则需要从管理机制的角度，对高职财经商贸类专业群的发展模式进行优化，从而提高高职财经商贸类专业群的综合育人水平。

总　结

在“两业融合”视角下，高职财经商贸类专业群的创新发展，需要从专业课程开发、教育团队建设、教育技术拓展以及教育保障机制等角度进行优化，在整合教育的同时，通过高职财经商贸类专业群的构建与创新拓展，实现专业人才与教育协同发展。高职财经商贸类专业群育人模式的创新，以人才培养战略为导向，对高职财经商贸类专业群的育人模式进行整合，并在资源合理化应用中，实现高职财经商贸类专业群的育人水平提升。高职财经商贸类专业群在实现资源整合以及教育水平提升的过程中，则需要在高职教育高质量发展视角下，对职业教育体系进行完善，在实现人才资源拓展的基础上，推进高职财经商贸类专业群育人模式的创新发展。同时，在实现职业教育稳定发展的过程中，应根据人才培养的综合需求，建设多元办学格局，发挥校企战略合作的作用，并在完善职业教育机制的前提下，通过职业教育现代化发展，为社会建设以及经济发展等提供优质人才。结合高职财经商贸类专业群的综合发展需求，在对产业发展需求以及人才发展战略等进行分析中，应利用高职财经商贸类专业群深化办学体制改革与育人机制改革，鼓励以及支持社会不同主体参与职业教育体系中，从而实现高素质、高质量技术人才的创新培养。

在“两业融合”发展的过程中，重视高职财经商贸类专业群的创新发展，应在产教融合的基础上，以职业教育国家标准为依据，对职业教育的发展模式进行优化，从而提高职业教育的育人价值。在校企合作过程中，根据职业发展需求，构建产业生态圈协同育人，则需要根据岗位对人才的需求，对校企合作方式以及专业发展等进行完善，通过产教融合以及教育服务机制的完善，满足人才培养以及高职教育创新发展的综合需求。职业院校在实现技术资源整合的过程中，构建职业认知、单项实训、综合实训以及社会服务的一体化职业教育机制，需要在聚焦职业领域发展的基础上，对高职财经商贸类专业群的育人模式进行优化，根据岗位需求拓展课程体系，在智慧化、数字化发展的基础上，提高职业教育的适应性。按照职业教育的综合发展需求，在高职财经商贸类专业群建设下，可将职业岗位与课程体系的融合发展，对教育体系的融合创新，提高高职财经商贸类专业人才的综合发展水平。

职业教育的创新发展，则需要在人才战略发展视角下，发挥职业教育相关政策的扶持作用，在对接企业以及岗位发展的视角下，对高职财经商贸类专业群的育人模式进行拓展，并通过职业院校的教育模式拓展，对“4+1”课程体系建设进行完善，充分发挥数字化资源的优势，对财经商贸的相关课程进行整合，将岗位工作过程与职业资格证书考核融入课程体系建设中，根据专业人才的实际发展需求，对课程资源优势以及基础课程体系建设进行完善，从而提高高职财经商贸类专业人才的岗位能力，带动高职财经商贸类专业群育人的创新发展。高职财经商贸类专业的人才培养体系建设，应通过对教育技术与社会发展的整合，对高职院校的育人模式进行拓展，在整合职业教育资源的基础上，提高高职财经商贸类专业群的综合发展水平。构建专业群，需要在整合相关资源，对高职财经商贸类专业群的综合发展模式、育人保障机制等进行完善，从而实现高职财经商贸类专业群的创新发展。

参考文献

[1]易思飞,杨晶,吴伶,等.经济学基础[M].北京:人民邮电出版社,2022.

[2]张燕.ChatGPT 对高职财经商贸类专业教育模式的影响与挑战[J].福建轻纺,2024(7):70-73.

[3]王雁霞.高职财经商贸类专业人才培养与区域经济协同发展的研究[J].国际公关,2024(12):167-169.

[4]李亚斌.产教融合视阈下高职财经商贸类专业育人模式构建[J].昆明冶金高等专科学校学报,2024,40(3):50-55.

[5]吴珍珠.高职院校财经商贸类专业产教融合的发展——以 H 水利水电职业技术学院为例[J].学园,2024,17(17):77-79.

[6]彭婉莹,汪安澜.适应湖北现代服务业发展需求的高职财经商贸类专业转型升级研究[J].武汉船舶职业技术学院学报,2024,23(2):18-24.

[7]郑鹏飞.高职院校财经商贸专业群创新创业素质培育体系构建[J].科教导刊,2024(10):34-37.

[8]姜黎黎.高职财经商贸类专业教师课程思政育人能力现状调研——基于 CDIO 模式[J].现代商贸工业,2024,45(8):101-103.

[9]王莎,管晨智.现代信息化视域下高职专业教学内容的改革——以财经商贸类专业群会计专业为例[J].经济师,2024(3):232-233.

[10]李忠华,熊文英.浅论“五维四象”综合评价体系——高职财经商贸大类专业五育并举学业评价体系构建研究[J].现代职业教育,2024(7):1-4.

[11]胡亟飞.高职财经商贸类专业就业实践实习基地建设特点、困境及路径分析[J].湖北开放职业学院学报,2023,36(24):62-64.

[12]李田华.“提质培优”视域下高职财经商贸类专业群建设改革研究[C]//百色学院马克思主义学院,河南省德风文化艺术中心.2023年高等教育科研论坛桂林分论坛论文集.兰州石化职业技术大学国际商务学院,2023:2.

[13]王梅.高职财经商贸类专业经济学基础课程思政教改探索[J].现代商贸工业,2023,44(23):209-211.

[14]张庆.高职财经商贸类专业课程思政建设研究与实践[J].公关世界,2023(17):120-122.

[15]梁垚伟.财经商贸类专业群建设路径的研究[J].营销界,2023(17):95-97.

[16]李政.校企合作培养高职财经商贸类专业应用型人才的探究[J].科技风,2023(18):91-93.

[17]孙玉苹.高职财经商贸专业群专创融合育人体系构建[J].现代商贸工业,2023,44(13):118-120.

[18]胡田田.“互联网+”时代高职院校财经商贸类专业网络教学现状与优化策略分析[J].科技资讯,2023,21(10):200-203.

[19]王亚,柏广才.高职院校财经商贸类专业学历留学生人才培养方案制定的思考——基于“一带一路”背景下M职业学院的实践探索[J].会计师,2023(8):113-115.

[20]蒋丽,杜科星.产教融合背景下高职院校服务区域经济发展策略研究——以营口职业技术学院财经商贸类专业群为例[J].辽宁师专学报(社会科学版),2022(6):117-119.

[21]殷志扬,姚晴霞,戴利坤,等.高职院校财经商贸类专业学生自主学习能力评价及影响因素研究[J].无锡商业职业技术学院学报,2022,22(5):83-94.

[22]刘子璇.高职财经商贸类专业"课堂革命"实践研究[J].天津商务职业学院学报,2022,10(5):74-80.

[23]王芸.数字时代高职财经商贸类专业融合数智化新技术应用教学改革研究[J].才智,2022(20):151-154.

[24]贾晔.高职财经商贸类专业校企合作存在的问题与对策探讨[J].企业改革与管理,2022(8):89-91.

[25]梁景瑜.广东省高职财经商贸类高水平专业群与区域经济适应性的提升[J].今日财富,2022(3):4-6.

[26]陈俊金."大智移云"驱动下高职财经商贸类专业实践教学发展路径研究[J].三门峡职业技术学院学报,2021,20(4):34-40.

[27]罗张伟,刘硕.高职财经商贸类专业人才培养模式改革初探[J].质量与市场,2021(21):64-66.

[28]隋兵.高职院校财经商贸类专业创新创业教育系统的构建与实践[J].中国商论,2021(18):183-185.

[29]张海军.高职院校财经商贸类专业"工匠精神"实践研究[J].大众标准化,2021(17):123-125.

[30]高职财经商贸类专业数字化改造创新实践——以四川财经职业学院为例[J].会计之友,2021(17):162.

[31]曾红武. 高职财经商贸类专业课程思政与教学融合的实施路径研究与实践[J]. 现代职业教育,2021(35):142-145.

[32]龙雯. 高职会计专业学生职业胜任能力的探索——以湖南省财经商贸类一流特色专业群核心专业为例[J]. 投资与合作,2021(6):172-173.

[33]张海军. 高职院校财经商贸类专业工匠精神培养研究——以市场营销专业为例[J]. 质量与市场,2021(5):55-57.

[34]许艳. "工匠精神"与高职财经商贸类专业产教融合育人教学模式分析[J]. 产业创新研究,2020(23):153-154.

[35]曾艳英,陈伟芝,蔡善文,等. "百万扩招背景下"高职财经商贸大类专业兼职教师队伍建设的研究与实践[J]. 湖北开放职业学院学报,2020,33(22):15-17.

[36]余爱云. 高职院校财经商贸类专业群建设研究[J]. 农家参谋,2020(22):257.

[37]我校共同发起成立全国财经商贸类高职学校(专业群)高水平建设联盟[J]. 北京财贸职业学院学报,2020,36(5):2.

[38]张潮,肖飒. 面向现代服务业发展的财经商贸类专业群建设研究[J]. 现代商贸工业,2020,41(24):27.

[39]李田华. "双高计划"视角下财经商贸类专业群建设实践与思考[J]. 兰州石化职业技术学院学报,2020,20(2):53-56.

[40]张晓悦. 高职校企深度融合人才培养创新模式分析——以财经商贸类专业为例[J]. 经济管理文摘,2020(11):195-196.

[41]杜志永,张海军. 高职院校财经商贸类专业工匠精神构建——以会计专业为例[J]. 现代经济信息,2020(6):171-173.

[42]张海军,朱子璇,王洪岩. 高职院校财经商贸类专业工匠精神内涵研究

[J]. 教育教学论坛,2020(7):360-362.

[43]贺智力,谭燕. 优质高职院校背景下财经商贸类专业群建设路径思考——以广安职业技术学院为例[J]. 现代职业教育,2020(1):24-25.

[44]谢欣. 流通商贸业与制造业融合发展背景下高职财经商贸专业群实践教学改革[J]. 中国冶金教育,2019(4):104-106+109.

[45]寻益人. 高职财经商贸类专业创新创业教育与专业教育融合策略[J]. 现代商贸工业,2019,40(27):85-86.

[46]张军平. 高职财经商贸类专业创新创业教育与专业教育融合策略[J]. 陕西教育(高教),2019(6):37-38.

[47]王丽. 福建省中高职财经商贸类专业衔接现状与对策研究[D]. 福州:福建师范大学,2019.

[48]黄文琳. 中职学校财经商贸类专业职业指导研究[D]. 福州:福建师范大学,2019.

[49]张冬梅,肖调生. 供给侧结构改革中湖南高职财经商贸大类专业布局与优化思考[J]. 现代经济信息,2018(17):420-421.

[50]张煜. 基于产教融合的财经商贸类专业群改革与实践[J]. 教育现代化,2018,5(34):87-88.

[51]林瑞杨. 高职财经商贸类专业学生英语学习情况调研报告——以广西金融职业技术学院为例[J]. 教育观察,2018,7(8):136-138.

[52]邱雪林. 浅论“123456”创新驱动模式下高职产教融合现状与对策——基于重庆市高职院校财经商贸类专业的实证研究[J]. 经贸实践,2018(8):352-353.

[53]王欣,张海妮. 打造财经商贸类专业群品牌的思考[J]. 陕西青年职业学院学报,2018(1):39-42.

[54]李海燕,孙迎芬.中高职衔接“立交桥”视角下的中职教师专业化发展路径研究——以江苏省财经商贸类专业为例[J].职教通讯,2017(35):51-54+61.

[55]岑妍梅.广西高职财经商贸大类专业设置问题与对策——基于专业目录调整后的数据分析[J].高教论坛,2017(9):114-118+122.

[56]程晓静,肖斌.基于 FAHP 的高职财经商贸类专业校企合作绩效评价机制探究[J].实验室研究与探索,2017,36(9):268-271+286.

[57]陶薇.高职校企深度融合人才培养创新模式实践与对策——以财经商贸类专业为例[J].河北职业教育,2017,1(4):20-23.

[58]刘晖.浙江产业结构升级背景下高职财经商贸类专业动态调整机制研究[J].科技资讯,2016,14(29):73-74.

[59]金爱华.基于学习维度的高职财经商贸类专业教材建设的思考[J].教育观察(上半月),2016,5(10):100-101+115.

[60]李宇红,平若媛,孙万军,等.高职财经商贸类专业上班式课程体系创新与实践[J].中国职业技术教育,2016(11):70-74.